O PODER DA MUDANÇA

Um Projeto para Transformar sua Vida

Andréia Frotta

O PODER DA MUDANÇA

Um Projeto para Transformar sua Vida

MADRAS®

© 2018, Madras Editora Ltda.

Editor:
Wagner Veneziani Costa

Produção e Capa:
Equipe Técnica Madras

Revisão:
Jerônimo Feitosa
Silvia Massimini Felix
Neuza Rosa

Dados Internacionais de Catalogação na Publicação (CIP)
(Câmara Brasileira do Livro, SP, Brasil)

Frotta, Andréia
  O poder da mudança : um projeto para transformar sua vida / Andréia Frotta. -- São Paulo : Madras, 2018.
  Bibliografia.
  ISBN 978-85-370-1110-2

  1. Autoconhecimento 2. Comportamento humano 3. Conduta de vida 4. Crenças 5. Mudança 6. Transformação pessoal I. Título.

17-10858   CDD-158.1

Índices para catálogo sistemático:
1. Transformação pessoal : Psicologia aplicada 158.1

É proibida a reprodução total ou parcial desta obra, de qualquer forma ou por qualquer meio eletrônico, mecânico, inclusive por meio de processos xerográficos, incluindo ainda o uso da internet, sem a permissão expressa da Madras Editora, na pessoa de seu editor (Lei nº 9.610, de 19/2/1998).

Todos os direitos desta edição reservados pela

MADRAS EDITORA LTDA.
Rua Paulo Gonçalves, 88 – Santana
CEP: 02403-020 – São Paulo/SP
Caixa Postal: 12183 – CEP: 02013-970
Tel.: (11) 2281-5555 – Fax: (11) 2959-3090
www.madras.com.br

Agradecimentos

Dedico à minha mãe, dona *Adi*, e à minha segunda mãe, *Edi*, que sempre me apoiaram, mesmo quando não conseguiam me entender.

Dedico à minha amiga-irmã *Claudia Drumond*, que fez e sempre fará parte de meu processo de evolução espiritual, e a todos os meus amigos, que me abençoaram com a dádiva de suas amizades.

Sou grata a toda a minha família, meus tios, tias, primos, primas e em especial à minha irmã *Fabiana Frotta* e meus sobrinhos *Victor e Rafael*, por fazerem parte de minha vida.

Agradeço ao querido *João de Deus Martins Gonsalves*, por me conduzir nos processos de Expansão da Consciência, e a todos os meus amigos do grupo da Autosofia, em especial a você, *Vagner Stoque*: obrigada por me ajudar a lembrar que sou o amor.

Ao meu pai, que hoje vive em meus pensamentos, e aos meus guias espirituais, que serviram de fonte para que eu pudesse escrever este livro.

Índice

Apresentação 9
Instruções para Ler Este Livro 11
Introdução ao Projeto Transformação......................... 12
Crenças 16
Entendendo as Crenças 19
Um Adeus à Ditadura dos Padrões Sociais:
Pensando Fora da Caixa 21
O Poder do Subconsciente: Como Criamos Nossa Realidade 25
Como as Crenças São Formadas: Como Nossa Forma de Pensar
Afeta Nossas Vidas 32
O Poder do Pensamento Positivo e as Conexões Neurais........... 36
Neuroplasticidade do Cérebro 42
Processo de Criação da Realidade: Como Lidar com
os Pensamentos Negativos Recorrentes..................... 46
Escala dos Sentimentos 53
A Importância de Manter o Foco no Objetivo Desejado 61
Sintonizar Suas Emoções Com Seus Desejos 65
Meu Ponto de Mutação: Começando a Pensar Fora da Caixa..... 74
A Guinada 77
Mudanças de Padrões 79
Sobre a Importância de Observar os Pensamentos
e Ouvir Sua Bússola Interior 85
Meu Segundo Ponto de Mutação 87
Passos para a Mudança: 1 – Decisão 89
Passos para a Mudança: 2 – Autoconhecimento 91
Passos para a Mudança: 3 – Acreditar 94
Passos para a Mudança: 4 – Desejar 96

Passos para a Mudança: 5 – Descobrir Sua Missão de Vida 100
Passos para a Mudança: 6 – Recalque Zero 103
Passos para a Mudança: 7 – Comprometimento 106
Passos para a Mudança: 8 – Ser Feliz Hoje 107
Passos para a Mudança: 9 – Relacionar-se Harmoniosamente 109
Passos para a Mudança: 10 – Harmonizar-se com
seu Passado: Livrar-se de Toda a Raiva e Perdoar 112
Passos para a Mudança: 11 – O Momento Presente
é uma Dádiva 118
Passos para a Mudança: 12 – Autoaceitação e Autoacolhimento 121
Passos para a Mudança: 13 – Sentir-se Merecedor: Aprender
a Dar e a Receber 125
Passos para a Mudança: 14 – Amor-Próprio e Amor à Vida 127
Passos para a Mudança: 15 – Assumir a Responsabilidade
Pessoal e Livrar-se da Culpa 131
Passos para a Mudança: 16 – Entendendo a Vibração
do Trabalho 133
Passos para a Mudança: 17 – Entendendo a Vibração
do Dinheiro 135
Passos para a Mudança: 18 – Entendendo a Vibração da Saúde 139
Passos para a Mudança: 19 – Conectando-se com sua Beleza 143
Passos para a Mudança: 20 – Livrar-se do Medo 146
Passos para a Mudança: 21 – Princípio da Ruptura 150
Passos para a Mudança: 22 – Visualização e Afirmações 152
Passos para a Mudança: 23 – Inteligência Emocional 155
Passos para a Mudança: 24 – Inteligência Espiritual:
Religião X Espiritualidade 157
Passos para a Mudança: 25 – Entender Que Somos Seres Divinos ... 166
Passos para a Mudança: 26 – Entendendo a Consciência Macro,
o Campo de Energia 174
Passos para a Mudança: 27 – Harmonizando-se
Com o Tempo 185
Conclusões 188
Referências Bibliográficas 197

Apresentação

Então, abri os olhos e uma dor enorme dilacerava meu coração. Eu não queria entender a dor, eu não queria entender mais nada. Eu só queria morrer. Eu não queria levantar, eu não queria comer, eu não queria ser feliz, eu não queria nada. Meu único desejo era deixar de existir, sumir, desaparecer, deixar de ser...

Sentia que minha energia vital se esvaía a cada momento. Teria me valido do suicídio, se não me sentisse tão fraca física e emocionalmente. Meu corpo estava um trapo, a única energia que persistia em permanecer era a de meus pensamentos e estes eram muitos, inundando minha cabeça e me deixando ainda mais impotente.

Naquele momento pensei em Deus, me lembro de ter tido uma conversa muito desafiadora. Eu disse:

– Deus, se você realmente existe, então me dê uma prova disso me levando dessa vida. Eu não desejo mais existir, este é meu único pedido: eu quero morrer!

E Deus não atendeu ao meu anseio...

E assim começa minha história.

Fiquei mais de uma hora ali deitada pedindo para morrer e nada. Então, era melhor levantar e ir trabalhar antes que descontassem minhas horas de trabalho, pois aquele dinheiro iria fazer falta para pagar as contas no fim do mês...

A vida era uma sucessão de acordar, trabalhar, pagar contas, reclamar e dormir (à base de remédios, logicamente)... Sentia que algo havia se perdido, mas eu não sabia onde...

Eu já não via mais significado em existir. Para mim, viver daquela maneira não fazia sentido. A vida tinha de ser muito mais que isso. Já não sabia mais quem eu era, já não acreditava mais nem em Deus.

Foi um longo caminho de autoconhecimento, muitos anos de estudo e pesquisas sobre o comportamento humano. Uma jornada com a qual aprendi muita coisa que vou compartilhar neste livro.

Vou contar a história de uma mulher que ousou pensar e viver fora da caixa, que teve de se reinventar, teve de reconhecer suas fraquezas, se livrar de ideias medíocres, pensamentos negativos, crenças e convicções limitantes e vencer a si mesma.

Vou compartilhar todas as estratégias que ajudaram a mudar minha vida para melhor, e espero que sejam tão eficientes para você como foram para mim e para muitas pessoas que já passaram por meus treinamentos.

Você vai passar a ver o mundo sob uma nova ótica e finalmente entender de forma consciente como criamos a realidade que vivemos.

Convido-o a trilhar um caminho, percorrer uma jornada para o seu interior. Repactuar sua história com a vida, fazer uma viagem de retorno à sua essência, alinhar-se com sua alma, reconectar-se com seus propósitos, firmar um compromisso com a felicidade e com seu processo evolutivo, ousar ser quem você verdadeiramente é. Eu desejo que este livro seja um instrumento de transformação poderoso em sua vida.

Com amor,
Andréia Frotta

Instruções para Ler Este Livro

Durante a leitura deste livro, você vai perceber que muitas situações foram escritas "entre aspas" e aparentemente isso não fará muito sentido.

Mas, acredite, vai chegar uma hora que você vai entender exatamente a razão dessa pontuação, porque o acaso não existe!

Nesta obra você vai encontrar um passo a passo que vai ajudá-lo na construção da vida que você deseja viver.

Foi exatamente essa a fórmula que usei para a minha transformação pessoal.

Quando decidi ser uma transformadora de vidas, eu não sabia exatamente qual resultado iria causar na vida das pessoas, mas uma certeza eu tinha: elas iriam promover um mergulho no autoconhecimento. Essa é justamente a essência de meu projeto: fazer com que as pessoas se conheçam verdadeiramente.

O autoconhecimento nos dá o poder de escolhermos a vida que desejamos viver. Não aquela vida imposta por padrões sociais, por regras familiares nem pelas religiões. Não aquela vida em que as coisas são taxadas como "certas" ou como "erradas", mas sim a vida sonhada de acordo com os conceitos individuais de felicidade que cada pessoa tem.

Cada uma das fórmulas que você encontrar neste livro pode e deve ser adaptada para você, como melhor lhe convier. O importante é que você entenda como nossa mente funciona e, com base nesse conhecimento, elabore sua própria regra para criar a vida que deseja viver.

Estamos juntos nesta jornada rumo à felicidade!

Introdução
ao Projeto Transformação

Nunca ande pelo caminho traçado, pois ele conduz somente até onde os outros já foram. Se andarmos apenas por caminhos já traçados, chegaremos apenas aonde os outros chegaram.
Alexander Graham Bell

O âmago deste livro está na pergunta:
– Por que as pessoas agem como agem?

Tudo o que repetimos por inúmeras vezes fica fixado em nosso cérebro e passamos a agir de forma automática, como: ler, escrever, andar de bicicleta, dirigir e até mesmo PENSAR!

Tudo o que passamos a fazer de forma automática vira hábito. Nós somos criaturas de hábitos.

Hábitos são comportamentos que foram desenvolvidos por meio de constante repetição, e para mudar um hábito somente é possível com a substituição por outro, e aí está um desafio.

Todos os nossos comportamentos têm um porquê, uma razão. Tudo o que fazemos, fazemos por um motivo. Então, precisamos descobrir os motivos que nos levam a agir e os motivos que nos impedem de agir.

Como você foi educado? O que era permitido fazer? O que era proibido fazer?

O que acontecia quando você decidia quebrar uma regra e fazia aquilo que não era permitido? Que consequências você sofria?

Nascemos para seguir padrões... Desenvolvemos padrões de comportamento, de beleza, de ética, de costumes...

Lembro-me que algum tempo atrás passava na televisão um seriado chamado: *Acredite, Se Quiser*. Eu vi um episódio que me fez refletir muito na época, aliás, me faz refletir até hoje e tem muito a ver como o tema deste livro.

A cena se passava em um planeta onde absolutamente todas as pessoas tinham rostos retorcidos e enrugados, mas todas se achavam lindas exatamente como eram, exceto uma menina que todos achavam repugnante. Ela já havia passado por dezenas de cirurgias plásticas para ficar com a aparência igual à de todas as outras pessoas. Naquele capítulo, ela acabara de passar por mais um procedimento cirúrgico e novamente havia uma expectativa... O cirurgião estava tirando as faixas do rosto da menina para ver se a última cirurgia tinha finalmente surtido o resultado desejado. Estavam todos em suspense aguardando a retirada da última faixa e então, quando o médico a retirou, todos se frustraram mais uma vez com o resultado. Todos ficaram chocados com o quanto ela continuava feia. A câmera então mostra uma menina que, para os padrões do Planeta Terra, era simplesmente deslumbrante de tão linda... Loira, olhos azuis profundos, uma pele perfeitamente lisa e viçosa! Eu fiquei chocada com esse paradigma... Ela se olhou no espelho e chorou de desespero, todos podiam sentir a dor de seu choro, porque para os padrões do planeta onde ela vivia era simplesmente horrorosa, repulsiva. Lindos eram os enrugados e retorcidos...

Padrões... Ah, os padrões... Agimos de acordo com uma série de modelos que nos foram ensinados como certos e adotamos essa postura engessada perante a vida.

Pode prestar atenção em você. Olhe para seus hábitos. Por que razão você age como age? Por que se veste como se veste? Por que escolheu determinada profissão? Por que elegeu determinadas pessoas para seu convívio? Por que gosta de determinado tipo de filme? Por que gosta de determinado tipo de música? Quais são os lugares que costuma frequentar? Você sabe o porquê?

Quem lhe ensinou a expressar as emoções como você as expressa? Como você foi apresentado ao amor, à raiva, à mágoa, à culpa?

Será que o modelo de amor que lhe foi apresentado na infância continua válido? E o da raiva? E o dos outros sentimentos? Você já procurou entender o gatilho de suas emoções?

Padrões travam...

Existem padrões do que é certo, do que é errado... Mas o mais engraçado é que esses padrões mudam de acordo com os costumes, o país, a religião...

Para as mulheres muçulmanas o correto é usar burca, para as cariocas o correto é o biquíni fio dental, na Riviera Francesa, é comum mulheres que fazem *topless*, e assim segue a lista com centenas de possibilidades, das mais diferentes e controversas possíveis...

Aqueles que seguem o padrão da Igreja Evangélica pensam que somente eles serão dignos de habitarem o Reino dos Céus; da mesma forma os muçulmanos, os católicos, e segue a lista...

Hitler achava que só eram dignos de viver os seres de raça pura e milhões de vidas foram exterminadas durante a Segunda Guerra Mundial.

E quem tem razão: aqueles que têm ideais políticos de esquerda ou de direita?

E, em se tratando de torcedores de time de futebol, que ser humano é melhor: corintianos, palmeirenses, vascaínos ou flamenguistas?

Seres humanos vegetarianos têm mais direito ao paraíso que os carnívoros?

Há países onde a cultura é a da monogamia, em outros da poligamia. Quem está certo, afinal?

O diferente choca! A diferença de ideais causa guerras perversas.

E não somente choca como pode causar aversão...

Seguimos padrões de acordo com o meio em que vivemos e acreditamos que os nossos são os certos...

Agimos de acordo com o meio. Nós somos o espelho do ambiente onde vivemos!

As coisas que vemos e vivenciamos em nosso cotidiano moldam nossa postura, e consequentemente, nossa vida. Nossas atitudes são tomadas com base nas regras que nos foram passadas.

Este livro vai lhe proporcionar um mergulho profundo nessas questões...

A pergunta que merece uma reflexão é:

– Será que alguma vez já paramos para observar se os padrões que nos foram passados e ensinados são os que queremos manter? Será que esses padrões combinam com nossa essência? Será que o certo é realmente certo e o errado é realmente errado?

A proposta deste livro é investigar a origem de nossas crenças, identificar se o padrão que estamos seguindo está alinhado com a história de vida que desejamos viver.

Agir fora da caixa! Não é porque todos estão fazendo de determinada maneira que esse modo de agir é certo... Questionar nossa postura diante da vida. Questionar nossos hábitos. Avaliar se o que acreditamos é realmente a melhor forma de ver o mundo.

Pessoas mais conscientes veem o mundo com mais amor, mais solidariedade, mais compreensão, mais tolerância, mais igualdade.

Não podemos mais nos permitir permanecer nos moldes em que fomos criados; a moldura serve para dar forma, e isso é bom, mas também serve para pôr limites, e isso não é tão bom assim.

Esses moldes foram importantes por um determinado tempo, mas não devem ser eternos, sob pena de estancarmos nosso processo evolutivo.

Sempre acreditei que devemos ter pensamentos mais elásticos em vez de engessados... Em vez de aceitar um modelo preconcebido que muitas vezes se choca com nossos valores pessoais; precisamos descobrir novos caminhos e abrir nossa mente para o novo. Cada um deve construir seu modelo de perfeição de acordo com suas percepções pessoais.

Por um mundo com pessoas mais conscientes que pensam fora da caixa!

Crenças

*Pássaros criados em gaiola acreditam
que voar é uma doença...*
Alejandro Jodorowsky

A realidade que nos cerca hoje é a manifestação de nossas convicções.

Seu mundo é do jeito que é, porque você é assim e não o contrário.

Nossa mente é composta por uma infinidade de crenças armazenadas em nosso inconsciente.

Ninguém nasce com as crenças formadas. Elas são adquiridas inconscientemente durante anos. Grande parte delas tem origem nas experiências vividas na infância. Aquilo que nossos pais disseram e muito do que aprendemos na escola com nossos professores e amigos. Outra parte adquirimos ao longo de nossas vidas por meio de nossos relacionamentos e, com base em nossas experiências de vida, padrões sociais, culturais e religiosos.

Essas influências moldam nosso modelo mental com relação a todos os aspectos de nossas vidas: relacionamentos, carreira, saúde, dinheiro, todos.

Nossas crenças regulam nosso comportamento e são responsáveis pelas decisões que tomamos em nossas vidas. Nossas crenças influencniam diretamente a vida que vivemos hoje e o nosso futuro.

De acordo com nossas crenças, agimos ou deixamos de agir.

É por essa razão que algumas pessoas conseguem ser bem-sucedidas em algumas áreas, e outras não.

As limitações que o ser humano enfrenta são a materialização de seus próprios limites. Existem pessoas que acreditam que nasceram para ser pobres; outras que acreditam que nasceram para ser ricas. Existem pessoas que acreditam que nasceram para sofrer, e também as que acreditam que nasceram para ser felizes.

O que faz a diferença na vida das pessoas são suas crenças. Quando mudamos nossas convicções, nosso mundo toma uma nova forma.

Somos nós quem criamos o mundo, não o mundo que nos cria. Não são as circunstâncias externas que geram nossa felicidade ou nossa infelicidade, mas sim nosso mundo interior.

Os modelos de felicidade que nos são impostos desde a infância são de padrões globais quase inatingíveis: você tem de ser magro, estudar, fazer faculdade, ser inteligente, ser bem-sucedido, ter um casamento feliz, seus filhos devem ser lindos e educados, você tem de viajar nas férias, tem de ter casa, carro, roupas da moda, comprar aparelhos, decorar sua casa de acordo com as tendências da moda... Mas estes são meros modelos criados pela sociedade e que vieram passando de pai para filho de geração em geração, sem ao menos ser questionados!

Esse modelo de sucesso não considera o indivíduo em sua essência e singularidade. Ele não considera as verdades pessoais e os valores internos de cada um.

Pelo contrário, esse modelo nos desconecta de nosso verdadeiro Eu, de nossa essência, e nos leva a agir muitas vezes contra nossa vontade, contra nossa consciência, acarretando uma sensação de vazio, fracasso e impotência.

Todos os nossos comportamentos têm um porquê, uma razão. Tudo o que fazemos, fazemos por um motivo. Então, precisamos descobrir quais os motivos que nos levam a agir e quais nos impedem de agir.

Eu vou ajudá-lo a entender as causas que o levaram a pensar da forma que você pensa hoje e a desafiar seus pensamentos, seus hábitos e suas ações limitadoras e prejudiciais com relação à sua vida.

Felizmente, da mesma forma que nossas crenças são adquiridas elas também podem ser mudadas, principalmente aquelas que nos prejudicam.

Durante boa parte de minha vida fui guiada por crenças e pensamentos limitantes. Como consequência disso, minha vida era um turbilhão em vários aspectos. Eu não conseguia ter paz no trabalho, nos relacionamentos, na área financeira nem na saúde. Estava muito longe de viver uma vida de contentamento e plenitude. Mas eu não queria mais que minha vida fosse uma montanha-russa de sentimentos.

Dediquei-me a estudar como nosso modo de pensar afeta nossas vidas. Aprendi tudo o que podia sobre o funcionamento da mente humana e fiz um rigoroso exame de minha consciência. Eu tive de fazer uma baita faxina mental! Tive de reformular totalmente minha maneira de pensar.

Decidi dar um basta nos pensamentos negativos que atrasavam minha vida e me afastavam de meus sonhos.

Tudo isso que eu aprendi eu quero lhe ensinar. Desejo profundamente que você também aprenda como dominar o jogo interno de sua mente.

Quando passamos a agir de acordo com os valores impostos pela sociedade e nos esquecemos de ouvir o que nossa bússola interior nos diz, não conseguimos encontrar o sentido da felicidade.

Este livro tem a intenção de mostrar que seu sucesso é personalíssimo e que você pode, sim, ser feliz e ter a vida que sempre sonhou sem necessariamente seguir padrões.

Entendendo as Crenças

Não é livre quem não obteve domínio sobre si.
Pitágoras

As crenças podem ser permissivas, proibitivas ou limitantes.

As crenças permissivas são aquelas que nos permitem agir, nos fortalecem e auxiliam em nosso desenvolvimento pessoal.

– Quem acredita sempre alcança! (Um belo exemplo de crença permissiva.)

As crenças proibitivas são aquelas que nos impedem de agir, e as crenças limitantes cerceiam nosso poder de ação. Elas podem ser devastadoras em nosso processo evolutivo e causar vários problemas ao longo de nossas vidas.

Exemplos de crenças negativas temos aos montes:
– Nenhum homem presta;
– Os homens que estão solteiros são *gays*;
– Ganhar dinheiro é para poucos;
– A vida é dura;
– Só se fica rico casando ou ganhando na loteria;
– Quem nasceu para tostão nunca vai chegar a 1 milhão;
– Os ricos não vão para o reino dos céus;
– Na vida a gente não pode ter tudo;
– Sorte no jogo, azar no amor;
– Temos de trabalhar duro para vencer na vida;
– Trabalhar fazendo o que se gosta é para poucos.

Diga-me: qual dessas crenças nos impulsiona para uma vida melhor? Absolutamente nenhuma delas, pelo contrário, são altamente sabotadoras!

Quanto a mim, se colecionei crenças limitantes? A resposta é: aos montes, e vou relatar algumas delas neste livro.

Agora sei que a chave para uma vida mais feliz é utilizarmos as crenças ao nosso favor. E hoje faço isso com maestria.

Um Adeus à Ditadura dos Padrões Sociais: Pensando Fora da Caixa

Nem tudo o que se enfrenta pode ser modificado, mas nada pode ser modificado até que seja enfrentado.
Albert Einstein

São nossas ideologias que constroem nossa realidade. Nós fomos adestrados a agir de determinada forma em determinadas situações.

Fomos condicionados a determinados tipos de comportamento. Eu também sou humana, logo, fui ensinada a seguir padrões.

Meus padrões eram o de trabalho com "carteira assinada", "faculdade", "casa própria", "casamento até que a morte nos separe", "filhos"... Tudo muito rotulado dentro dos padrões de perfeição da sociedade da época.

E como "o trabalho dignifica o homem" e "ninguém morre de trabalhar", eu acordava todas as manhãs bem cedo para poder "bater meu cartão às 8 horas da manhã, todos os dias".

E também como "não nasci em berço de ouro", "tinha de trabalhar para pagar a faculdade particular", afinal "estudei em colégio público e não seria capaz de passar em uma faculdade pública" e, "se um ser humano quer crescer na vida, tem de fazer faculdade"!

Trabalhava de dia, estudava de noite. Estudava de segunda a sábado. Só tinha o domingo para descansar.

E dentro dos padrões de perfeição da época: me casei, e eu e meu marido "compramos nossa casa própria a prestação, dividida em vinte anos"...

Estava tudo "teoricamente perfeito". Embora tudo aquilo me fizesse sentir que eu era escrava do sistema. Trabalhar, estudar, cuidar do marido, dos afazeres domésticos, a vida parecia uma sucessão de obrigações infinitas.

No meio daquele turbilhão, para se encaixar ainda mais dentro dos padrões, meu marido queria filhos... Quase enlouqueci só com a ideia...

Vivia cansada, reclamando da vida... A ideia de ter filhos era demais para mim e não ter filhos era uma tremenda mudança de padrão para a sociedade à qual eu pertencia.

Se sem filhos eu já não tinha tempo para estudar, comecei a ficar de recuperação em muitas matérias na faculdade, imagine com filhos...

Acho que naquele momento comecei a me rebelar. Comecei a pensar fora dos padrões. Não queria aquilo para minha vida.

Em vez de ter filhos, me separei. Isso foi um horror na época. Minha família entrou em choque. Separação era fora dos padrões.

Não virei dona de casa, nem esposa, nem mãe... Eu terminei a Faculdade de Direito!

Concluir a faculdade, de certa forma, também foi uma mudança de padrão. As chances que eu tinha de passar nos exames eram bem remotas porque não tive a oportunidade de fazer estágio em minha área... Tinha de trabalhar para pagar as mensalidades da faculdade. Mas, contrariando todas as expectativas, passei no exame da Ordem dos Advogados do Brasil (OAB) e era finalmente uma advogada!

Se eu fosse uma pessoa que seguisse tendências, certamente não teria seguido a carreira de Direito. Teria continuado trabalhando com carteira assinada, com a segurança de um salário no fim do mês, afinal, mesmo após ter concluído a faculdade eu ainda trabalhava com "carteira assinada" em uma empresa onde as pessoas se aposentavam com trinta anos de trabalhos prestados.

Naquele ano, minha faculdade formou cerca de 300 alunos. Acredito que menos de 10% dos formandos seguiu carreira jurídica.

Isso é quase uma regra no Brasil: a maioria absoluta das pessoas que conclue a faculdade não exerce a profissão na qual se formou, umas possui "nível superior".

Contrariei essa regra e todas as tendências e advoguei por muitos anos.

Lembro-me de que, recém-formada, me juntei a duas amigas e montamos um escritório de advocacia em cima de uma mercearia, em um bairro bem popular. Recordo achando engraçado que escrevemos ADVOCACIA com um rolinho usando tinta preta em uma parede branca. Eu passei a fazer jornada dupla de trabalho. De dia no antigo emprego de carteira assinada e à noite no escritório.

Mas, como diz o velho ditado, "o trabalho dignifica o homem"...

Porém "eu desejava mais", "eu realmente queria exercer a carreira de verdade". Eu dizia para mim mesma que meu diploma não iria servir apenas para emoldurar e virar um quadro na parede.

Sei que tudo mudou quando uma tia que morava em Brasília me convidou para passar as férias na casa dela. Eu fui meio relutante pensando o que, afinal, eu iria fazer em Brasília? Mas o destino sabia exatamente tudo o que estava para acontecer.

Lembro-me como se fosse hoje, eu e ela almoçando na praça de alimentação de um shopping quando, "por uma coincidência do destino", um amigo dela se aproximou e juntou-se a nós para almoçar. Ele me perguntou o que eu fazia, e toda orgulhosa respondi: sou advogada (afinal eu era mesmo, apesar da pouca experiência)...

Na hora, sem dar maiores explicações, ele pegou o celular (lembro que achei o máximo aquilo – na época pouquíssimas pessoas tinham acesso a essa tecnologia) e ligou para um amigo que tinha um escritório de advocacia e disse que estava almoçando com a sobrinha de uma amiga e que ele tinha de marcar uma entrevista de emprego para mim, eu não esperava por aquilo, fiquei espantada.

Adivinhem só, seu amigo pediu que na manhã seguinte eu fosse ao seu escritório para uma entrevista. Lembro-me que fui sem *curriculum*, sem referências, sem nada. Só com minha coragem. Ele me perguntava: tem experiência com Justiça Federal? Eu respondia sim... Tem experiência com Justiça do Trabalho? Eu respondia sim... Não importava a pergunta minha resposta era sempre sim, embora, obviamente, a resposta fosse não...

No fim, ele me perguntou: quando você começa? Eu, sem acreditar, disse: na segunda-feira. Afinal, por padrão começamos tudo nas segundas...

Fiquei sem saber o que fazer. Liguei para minha tia e disse: Estou mudando para Brasília!

Voltei para São Paulo. Pedi demissão no emprego. Encerrei minha sociedade no escritório de advocacia, coloquei tudo o que consegui dentro de meu carro e peguei estrada com destino a Brasília.

Lembro que depois de dois anos o administrador do escritório me chamou na sala dele e me disse:

– Guria, quando tu chegaste aqui há dois anos atrás eu dizia que tu eras uma "jacu"[1] e que aquela contratação não ia dar em nada... Mas passado o tempo vejo que tu te transformaste em um tubarão. Parabéns, menina...

Ele era um gaúcho e, como tal, meio bruto... Aquele gesto dele era realmente de reconhecimento do meu crescimento profissional. Tomei como um elogio.

Brasília foi uma escola para mim. Lá segui minha carreira de Direito e fui muito bem-sucedida.

Foi em Brasília que comecei a deixar de lado os padrões sociais com os quais fui criada: trabalhava sem carteira assinada, era uma mulher divorciada, sem filhos, livre.

Hoje, olho para trás e vejo a luta de uma mulher que acreditava em suas escolhas.

---

1. Pessoa boba ou caipira. Alguém que não sabe lidar com o dia a dia ou que tem vergonha de fazer algo.

O Poder do Subconsciente: Como Criamos Nossa Realidade

Mude seu pensamento e mude seu destino.
Joseph Murphy

Se você acha que pode ou que não pode fazer alguma coisa, você tem sempre razão.
Henry Ford

Durante a maior parte do tempo não prestamos atenção aos nossos pensamentos, mas são exatamente eles que alimentam nossa mente subconsciente, mas precisamos primeiramente entender como funciona a mente humana. Nossa mente se divide em duas partes distintas: mente consciente e mente inconsciente ou subconsciente.

A mente consciente é aquela que comanda, é nossa razão, e a mente subconsciente é aquela que cumpre as ordens recebidas, é irracional.

A mente subconsciente não questiona as ordens recebidas, não avalia se são certas ou erradas, ela aceita como verdade tudo o que a mente consciente determinar.

Você sabia que mais de 90% de nossa vida mental é subconsciente? Precisamos aprender a usar esse poder a nosso favor!

No momento em que mandamos uma ideia para nosso subconsciente, ele atua prontamente para colocá-la em prática.

Nossa mente subconsciente não tem capacidade nem para questionar nem contestar aquilo que nela é impresso e vai trabalhar para que tudo aquilo que acreditamos se manifeste em nossas vidas.

Tudo o que vivenciamos em nossas vidas é resultado dos pensamentos gravados em nossa mente inconsciente por meio de nossas crenças.

No subconsciente, podemos encontrar a resposta de tudo o que buscarmos. Existe uma inteligência infinita na mente subconsciente, e é nela que vamos encontrar a causa de cada um de nossos problemas e também a solução para cada um deles.

Os pensamentos são o "fato gerador" de todas as nossas experiências. Nossos pensamentos são como sementes cultivadas no solo. Por essa razão, devemos tomar cuidado com o que pensamos.

A forma como pensamos, sentimos e acreditamos é que vai conduzir aos resultados que vamos obter em nossas vidas. Quando depositamos em nosso subconsciente pensamentos construtivos, vivemos em nossas vidas situações de harmonia. Da mesma forma, quando depositamos em nosso subconsciente pensamentos destrutivos, vamos viver situações desarmoniosas em nossas vidas. De fato, nosso subconsciente funciona tanto para as boas ideias como para ideias não tão boas assim...

Se pensarmos na Lei da Causa e Efeito, podemos imaginar os pensamentos como "causa" e as situações que vivemos como "efeito".

Se desejarmos mudar as experiências que estamos vivendo, precisamos primeiro avaliar como essas situações estão sendo geradas. A "causa" dessas situações.

Se desejarmos acabar com o sofrimento, com as doenças, com a escassez, com as discórdias e limitações em nossas vidas, precisamos identificar e eliminar a causa dessas situações. Identificando e eliminando a causa consequente mudamos o efeito.

Você certamente conhece alguém que deseja profundamente viver um relacionamento perfeito, mas passa a maior parte vivendo uma vida solitário, ou alguém que deseja ter muito dinheiro e vive uma vida de escassez, ou alguém que faz de tudo para ser bem-sucedido nos negócios, mas nada do que tenta dá certo...

Acredite, o problema está na mensagem que está sendo encaminhada ao subconsciente, ainda que inconscientemente...

Pode parecer uma loucura isso, mas nessa informação está contida a cura para todos os problemas vividos pela humanidade.

Mas como, afinal, podemos mandar uma mensagem inconscientemente para nosso subconsciente?

A resposta é: POR MEIO DE NOSSAS CRENÇAS!

Pensamos através de nossa mente consciente. Quando na mente consciente criamos obstáculos, crenças de impossibilidade, medo, estamos criando infortúnios para nossas vidas, são essas as mensagens que ficam armazenadas no subconsciente.

Pensamentos negativos atraem para nossas vidas frustrações, limitações, carências, doenças e dificuldades.

Temos de entender que nossa mente não é má, apenas não estamos utilizando nossa mente consciente a nosso favor. Por essa razão é que temos de observar mais atentamente a qualidade de nossos pensamentos.

A razão do sofrimento da humanidade está exatamente no desconhecimento do poder que a mente subconsciente exerce sobre as nossas vidas.

É preciso avaliarmos exatamente quais são as mensagens subliminares que mandamos ao nosso subconsciente.

Lembro-me de um cliente que me procurou porque estava em busca de ascensão na carreira, mas acreditava que não poderia ser promovido pois a empresa em que ele trabalhava passava por um momento de crise. Ele associou a crise à crença de que não poderia ser promovido. Era essa a mensagem que estava em seu subconsciente.

Adivinhem, mudando a postura e eliminando a crença limitante, meu cliente recebeu uma proposta de mudança de departamento com uma oferta de promoção e tudo isso aconteceu no prazo de três meses.

Como são interessantes as crises, alguns as enxergam como oportunidade, outros como uma barreira. Tudo depende da postura que adotamos diante da vida. Hoje meu lema é fazer do limão uma limonada, e quero ajudar cada cliente a encontrar uma forma de ver a vida desta maneira: com foco na solução!

Não é incrível como nossa vida muda quando mudamos nosso jeito de pensar?

Outra cliente me procurou pensando em pedir demissão porque ninguém na empresa reconhecia o valor de seu trabalho. Durante o processo comigo, ela percebeu que nem mesmo ela fazia isso, como os outros poderiam reconhecê-lo então? Ela teve de aprender a valorizar cada uma de suas atividades e vender seu peixe.

Ela chegou à conclusão de que se ela mudasse de emprego, nada iria mudar. Provavelmente no próximo emprego ninguém reconheceria o valor de seu trabalho também. Ela mudou a própria postura e começou a ter seu trabalho reconhecido e valorizado pelas pessoas.

O que eu sempre digo: se está ruim aqui, vai estar ruim em qualquer lugar. Para mudar por fora é preciso primeiro mudar por dentro.

Outra cliente queria terminar um relacionamento porque seu companheiro não a respeitava. Ela tomara conhecimento de inúmeras traições com outras mulheres. Nos atendimentos, identificamos o quão baixa estava sua autoestima. Ela poderia ter terminado o relacionamento e começado um novo, mas nada seria diferente. Qualquer outro homem a trataria da mesma forma. Inconscientemente, em razão de várias situações vividas na infância (ela colecionara situações nas quais não era tratada com respeito por seus pais), ela acabou achando que era normal ser maltratada. Identificamos essas crenças, eliminamos uma por uma e construímos novas crenças, mais apropriadas para a vida dela. Hoje, ela vive com um novo companheiro que a trata muito bem, com todo o respeito que ela merece. E isso aconteceu porque ela conseguiu eliminar as crenças sabotadoras e fortalecer sua autoestima. Ela entendeu que merecia ser respeitada e não aceitaria viver em um relacionamento que não oferecesse segurança emocional e respeito.

Lembro-me também do caso de outra cliente que desejava profundamente viver um relacionamento perfeito, mas ela acredita veementemente que nenhum homem presta, que todos os homens legais do mundo já estavam casados ou então eram gays e uma infinidade de crenças limitantes. A mensagem que ela mandava para o inconsciente era que não existia nenhum homem no mundo para ela. Ela percebeu isso e finalmente arrumou um namorado.

Conheço muitas pessoas que desejam profundamente viver uma vida próspera, mas vivem passando por dificuldades financeiras. Quando avalio suas crenças, verifico que elas acreditam que o dinheiro é a fonte de todo mal, que o dinheiro corrompe as pessoas, que o dinheiro atrai falsos amigos...

Inconscientemente, elas estão mandando para o subconsciente a mensagem de que não podem ser prósperas porque se ganharem dinheiro passarão a ser desonestas, ou não terão mais amigos.

Em nenhum momento essas pessoas perceberam que suas vidas estão sendo conduzidas com base em seus pensamentos, com base naquilo que acreditam.

Enquanto continuarem a pensar da forma que pensam, vão continuar a colher os mesmos resultados.

Observe seus pensamentos e saiba exatamente como sua vida será no futuro. Mude seu pensamento e mude seu destino.

A causa dos sintomas está na mente subconsciente, assim como a cura também está.

Os problemas (sintomas) que enfrentamos servem como um alerta para nos mostrar aquilo que não estamos querendo enxergar em nós mesmos (causa). A verdadeira cura para os sintomas pode acontecer somente no interior. A cura começa no ser.

A cura está em como nos comportamos diante das coisas que nos acontecem. A cura está na mudança da atitude mental, está na adoção de um novo padrão de pensamentos, está no processo de substituir crenças sabotadoras por crenças fortalecedoras, na decisão de adotar pensamentos positivos e abandonar os pensamentos negativos.

O medo, o sofrimento, o vitimismo, a angústia são a verdadeira causa de todos os nossos dissabores na vida. Acreditamos que somos frágeis, pequenos e deixamo-nos governar pelas emoções negativas.

Um ser humano aprisionado em suas crenças não tem um futuro, mas, sim, um passado que se repete infinitamente.

Hábitos antigos e a mesma forma de pensar vão criar meticulosamente os mesmos eventos do passado, disfarçados com uma nova roupagem.

Enquanto nada mudar em nosso interior, vamos nos encontrar sempre diante dos mesmos eventos.

Seu mundo pode ser um paraíso ou um inferno, e ele sempre será a projeção de seu estado interno.

A maioria absoluta dos seres humanos conduz sua vida acreditando que são vítimas dos fatores externos, quando na verdade é exatamente o contrário. A qualidade de vida externa depende na totalidade da qualidade de nossos pensamentos, da qualidade de nosso estado do ser.

Nada pode nos acontecer sem nosso prévio consentimento, mesmo que de maneira inconsciente.

O destino dos seres humanos será sempre uma projeção do mundo interior. Nosso futuro será guiado por nossas crenças, nossos pensamentos, nossas atitudes.

Se você quer saber como será seu futuro: "Conhece-te a ti mesmo", agora. Avalie como pensa, observe no que você acredita.

Não existe absolutamente nada que possamos viver sem que antes, consciente ou inconscientemente, tenha passado por nosso pensamento. O mundo em que vivemos está diretamente conectado àquilo que pensamos.

Somos os criadores de nossa história, somos os responsáveis por cada coisa que nos acontece.

O grande segredo de todas as pessoas de sucesso é que elas não acreditam em limitações!

É essencial que você reconheça até que ponto seu velho modo de pensar e agir conduziu-o à situação em que você está agora.

É importante que você entenda exatamente aquilo que pensa sobre dinheiro, saúde, relacionamentos, família, carreira... É necessário que você entenda que todos esses aspectos são resultado de sua forma de pensar, ainda que inconscientemente.

O mundo exterior é apenas um reflexo de seu mundo interior. Se as coisas não vão bem em sua vida exterior, é porque não estão indo bem em sua vida interior. É exatamente assim que funciona.

Para mudar tudo o que acontece em seu mundo "exterior" você terá primeiro de mudar seu mundo "interior".

Mudando sua programação, você dá o primeiro passo para modificar seus resultados.

Se você continuar fazendo do modo que sempre fez, vai continuar a obter os mesmos resultados, é importante que você faça diferente para começar a obter resultados diferentes.

Se você continuar pensando do modo que sempre pensou, nada vai mudar em sua vida. É preciso que haja uma mudança de *mindset* (configuração mental). Uma mudança em seu modelo mental, em sua forma de pensar e ver a vida.

Você deve aprender a controlar sua mente e treiná-la para trabalhar a seu favor, e não contra você.

Saber treinar a própria mente é o maior talento que podemos ter na vida, tanto em termos de felicidade quanto de sucesso.

É preciso construir novas crenças e o Projeto Transformação vai ajudá-lo, da mesma forma que já ajudou muitas outras pessoas.

Então, se você está vivendo uma crise em qualquer aspecto de sua vida, não adianta simplesmente mudar de emprego, de relacionamento, de cidade. Suas crenças vão seguir com você. Para que as mudanças aconteçam é preciso primeiro identificar as crenças que estão sabotando sua felicidade.

Agradeça pelas adversidades, elas têm a missão de nos revelar nossos vazios, nossas fraquezas, nossos medos e culpas guardadas. Elas nos sinalizam tudo aquilo que não queremos ver e que devemos mudar em nós mesmos.

Eu cresci ouvindo que dinheiro não nasce em árvore, que homem nenhum presta, que temos de ralar para conseguir nossas coisas, que só quem estuda vai para a frente, que o ser humano nasceu para sofrer... Eu me habituei desde pequena a reclamar de tudo, a ser resmungona. Na maioria de minhas fotos de infância estou com um bico do tamanho de uma tromba de elefante. Eu sei o preço alto que paguei por todas essas crenças. E também sei o trabalho que deu para construir uma nova forma de pensar e que ainda me dá, pois volta e meia estou a identificar antigas crenças...

Eu acredito de verdade que podemos, sim, ter uma carreira de sucesso e amar o trabalho, e ainda ter uma família equilibrada com amor e tudo o mais que desejarmos. E também sei que o único caminho para mudar nossa vida é modificando nosso modo de pensar.

Se você aprender a comandar seu cérebro, você mudará sua vida.

Como as Crenças São Formadas: Como Nossa Forma de Pensar Afeta Nossas Vidas

Os homens são miseráveis, porque não sabem ver nem entender os bens que estão ao seu alcance.
Pitágoras

O mundo é como um espelho que devolve a cada pessoa o reflexo de seus próprios pensamentos. A maneira como você encara a vida é que faz toda a diferença.
Luis Fernando Veríssimo

De onde, afinal, surgem seus pensamentos?
Por que pensamos do modo como pensamos?
Como pensamentos viram crenças?
Os pensamentos surgem de nossa programação passada baseada nas experiências colecionadas durante nossas vidas.
Mudando nossa programação, daremos o primeiro e indispensável passo para modificar nossos resultados.

Tudo tem início com os pensamentos. Comece dando uma rápida olhada em como sua mente trabalha. Para cada situação, você recorre aos seus arquivos mentais para determinar qual será sua reação diante de cada situação.

Nossas emoções criam nossa realidade pessoal.

O mundo é um espelho daquilo que somos. O mundo é o espelho de nossas emoções. O mundo é a representação de nosso estado de ser.

O mundo em que vivemos é uma projeção de nossos sentimentos, de quem somos internamente. Tudo o que está fora nasce primeiro dentro.

O caos ou o paraíso que cada ser humano carrega dentro de si projeta-se no mundo. O mundo reflete exatamente quem somos por dentro.

Nós somos os únicos responsáveis por tudo que acontece em nossa vida. Somos a causa de tudo o que vivemos, de tudo o que vemos, escutamos e tocamos.

Nossas emoções negativas transformam-se em dissabores futuros, enquanto nossas emoções positivas transformam-se em gozo e satisfação.

Tudo de negativo que nos acontece é resultado de pensamentos conflituosos, assim como tudo de positivo que nos acontece é resultado de pensamentos harmoniosos.

Nossos fracassos acontecem primeiro dentro de nós e depois apresentam-se como fatores externos, da mesma forma que nossos sucessos.

Somos a causa de cada sofrimento, de cada adversidade, mas também somos a causa de todas as alegrias e de cada conquista.

Quando sabemos conscientemente que somos nós que criamos nossa realidade, podemos criar com sabedoria uma vida de beleza, prosperidade, saúde e paz.

Seu mundo será sempre reflexo de quem você é por dentro!

Quando entendermos que o mundo que vivemos é a projeção daquilo que somos, poderemos começar a mudar nossa realidade.

Temos de ser gratos e aprender a olhar como a vida se apresenta diante de nós. Ela está sinalizando tudo aquilo que somos por dentro. Devemos entender que tudo o que acontece no mundo à nossa volta pode nos ajudar a entender como está nosso mundo interior.

Precisamos reconhecer que as dificuldades pelas quais passamos são reflexo de nossas limitações interiores, e a maior recompensa que existe é a superação de nossos limites.

O maior campo de batalhas que temos de enfrentar não está fora, mas dentro: é nossa mente. Temos de estar atentos todo o tempo ao que estamos pensamos.

Tudo o que você está vivendo hoje é resquício daquilo que você pensou no passado. Estamos vivendo de acordo com o que acreditávamos, e se passarmos a pensar diferente, vamos começar a colher novos frutos.

Sua tarefa é começar a produzir intencionalmente um futuro melhor por meio daquilo que pensa e sente em seu mundo interior hoje.

Por isso você precisa fazer o tempo todo um trabalho de auto-observação, precisa avaliar atentamente, profundamente, a qualidade de seus pensamentos e sentimentos, de suas emoções.

Cada pensamento é responsável por liberar uma emoção correspondente. Bons pensamentos geram bons sentimentos, já pensamentos negativos geram sensações ruins.

Nosso estado emocional pode nos tornar ricos ou pobres, saudáveis ou doentes, felizes ou infelizes. O mundo é uma projeção de nosso ser.

Nós somos os únicos responsáveis por viver uma vida satisfatória, feliz. O único obstáculo está em nós mesmos. O mundo que vivemos é um espelho de nosso estado interno. Não é possível modificar a imagem nele refletida sem antes modificar nosso estado interno.

Quando realmente compreendermos que tudo que vivemos foi criado de acordo com a qualidade de nossos pensamentos, quando realmente compreendermos que os fatores externos são decorrentes de nossos estados internos, vamos começar a ser mais conscientes de nossos pensamentos.

Um homem consciente não permite que nada de fora interfira em sua paz interior, em seus sonhos, em seus desejos.

Pensamento é destino!

Mas como, afinal, os pensamentos são capazes de moldar nossas vidas?

A cada dia a ciência traz novos conhecimentos sobre esse tema.

Quando pensamos, colocamos nossa atenção em algo e nosso cérebro se ativa através de cargas elétricas. Estudos de eletrodinâmica nos dizem que quando cargas elétricas se movimentam dão origem a ondas eletromagnéticas que se propagam pelo ar.

Todo pensamento vibra, todo pensamento emite um sinal e atrai de volta um sinal correspondente. Nossos pensamentos são ondas de energia, e nossa vida é o reflexo de nossos pensamentos.

Estudos da *Física Quântica* começam a demonstrar que tudo o que pensamos acaba funcionado como um elemento que sintoniza as infinitas ondas vibracionais que existem no Universo.

Essa ideia foi discutida entre Carl Gustav Jung (psiquiatra e psicoterapeuta suíço que fundou a Psicologia Analítica) e Albert Einstein (físico teórico alemão), quando este desenvolvia a Teoria da Relatividade. Eles denominaram-na como sendo o fenômeno da Sincronicidade, uma coincidência significativa entre eventos psíquicos e físicos. Einstein levou a ideia adiante no campo físico, e Jung, no psíquico.

Albert Einstein confirmou essa lei dizendo que tudo o que nos cerca existe em razão de forças que se mantêm aglutinadas pela similaridade de vibrações, um princípio segundo o qual semelhante atrai semelhante.

Jung afirmava que tudo no Universo está interligado por um tipo de vibração, e que duas dimensões (física e psíquica) estão ligadas em algum tipo de sincronia de vibração. Tudo o que se cria na mente e se apresenta para o subconsciente e para o cérebro como verdade torna-se realidade para aquele que criou.

Estudos da Física Quântica entendem que é a Lei da Intenção que faz com que as coisas se materializem em nossas vidas.

Segundo a Lei da Atração, da Intenção ou da Sincronicidade, estamos constantemente atraindo ou repelindo outras forças, energias e vibrações por meio das vibrações que emitimos incessantemente, mesmo que inconscientemente.

A intenção está diretamente ligada aos nossos sentimentos.

Mude sua forma de ver as coisas, mude suas crenças, isso vai mudar seu mundo.

O Poder do Pensamento Positivo e as Conexões Neurais

A maior ou menor felicidade depende do grau da decisão de ser feliz.
Abraham Lincoln

Só se pode alcançar um grande êxito quando nos mantemos fiéis a nós mesmos.
Friedrich Nietzsche

Em 2004, fui ao cinema assistir a um filme que estava gerando polêmica na época: *Quem Somos Nós*. Um documentário que mostra como a Física Quântica vê o mundo em sua essência, e tenta entender como pensamentos, sentimentos e intenções criam nossa realidade.

Acho que fui a única pessoa que chorou no cinema. Chorei compulsivamente de agradecimento. Aquele filme me apontava que eu estava na direção certa. Ele falava de um Universo infinito de possibilidades de criação de nossa realidade e que a criação começa com nossos pensamentos.

Li dezenas de livros que falavam do poder que o pensamento exerce em nossas vidas. Todos eles, das mais diversas formas, davam um tipo de receitinha mágica: mude seus pensamentos e mude sua vida. Hoje sei o quanto isso é verdade.

Nosso cérebro está o tempo todo sendo modelado por nossos pensamentos. Imagine seu cérebro como uma rede de energia conectada a milhares de caminhos, e cada vez que você pensa uma determinada coisa, um caminho específico é iluminado. Esses caminhos são as "conexões neurais" daquilo que pensamos e estão diretamente relacionados às nossas crenças e experiências vividas.

Alguns desses caminhos são constantemente trilhados por nossos pensamentos e, em alguns casos, dezenas, centenas de vezes ao dia. Quanto mais pensamos, mais fácil fica trilhar esse caminho no cérebro. Entramos quase no piloto automático.

Como o próprio nome já diz, "conexões neurais", se fizermos uma ligação entre nossos pensamentos predominantes e nossa realidade, veremos que existe uma conexão direta entre o que pensamos e vivemos.

A capacidade de criarmos nossa realidade está em nossa habilidade de exercer o controle sobre nossos pensamentos.

Isso explica por que algumas pessoas conseguem resultados fabulosos: são felizes, ricas, saudáveis e bem-sucedidas, enquanto outras vivem à margem de seus desejos.

Pensamos que o que acontece em nossas mentes está fora do nosso controle. Mas a verdade é que podemos e devemos controlar nossas atividades mentais.

Podemos desenvolver nossa capacidade criativa exercendo poder sobre nossos pensamentos. É nossa habilidade de dirigir nosso processo de pensamentos que vai nos dar o poder de produzir os resultados que mais desejamos em nossas vidas. É nossa capacidade de conduzir nossos pensamentos que vai determinar nosso sucesso pessoal.

Você sabia que determinados pensamentos são viciantes e, por isso, não conseguimos parar de pensar neles?

Todas as vezes que pensamos algo, nosso pensamento produz determinadas substâncias químicas chamadas neuropeptídeos. Há substâncias para a raiva, para a tristeza, para a vitimização, para o desejo, para a alegria...

Existem substâncias para cada estado emocional que vivemos. Quando vivenciamos um estado emocional, nosso pensamento libera a substância correspondente. Do mesmo jeito que existem substâncias para cada estado emocional que vivemos, existem receptores para cada uma dessas substâncias; e se repetimos muitas vezes esses pensamentos, nossas células podem se viciar quimicamente.

Os neuropeptídeos e os receptores são uma chave para entender como a mente e o corpo estão interconectados e como as emoções podem ser manifestadas em todo o corpo.

E, o mais intrigante, nossos pensamentos com o tempo vão formando uma vasta rede neural alimentada das mais diversas ideias tiradas de todas as nossas experiências vividas.

Quando pensamos muitas vezes sobre uma mesma coisa acabamos por formar uma conexão neural que será ativada todas as vezes que voltarmos a pensar nessa determinada coisa.

Por exemplo, se sentimos mágoa, criamos uma conexão neural sólida e entranhada em nossa mente e liberamos neuropeptídeos específicos produzidos pela mágoa. À medida que bombardeamos as células de nosso corpo com esse sentimento, e com essa mesma química repetidamente, os neuropeptídeos liberados pela sensação de mágoa se tornam necessários para as células. Seu organismo fica viciado no sentimento de mágoa.

Cada célula de nosso corpo pode ter milhares de receptores em sua superfície e estar viciada em determinadas substâncias químicas.

Cada uma dessas células está viva e quer se manter viva, e a única maneira é se alimentando das substâncias das quais é viciada. Essas células, para garantir seu alimento, vão enviar para o cérebro mensagens sobre a necessidade de produzir essas substâncias químicas e o cérebro vai começar a formular imagens, vai começar a soar como vozes em nossa mente.

As células viciadas vão enviar para o cérebro a mensagem de que precisam de determinadas substâncias químicas, sejam elas de vitimização, de dor, de raiva, de alegria, de amor...

O cérebro vai se ativar e buscar uma situação que vivemos no passado (o cérebro não diferencia algo que está acontecendo agora com algo que aconteceu no passado, porque a mesma rede neural é ativada) e mostrar essas imagens no lobo frontal. Isso vai fazer com que criemos situações para vivenciar uma situação semelhante que libere as substâncias com as quais as células estão viciadas.

Nossas experiências anteriores de certa forma nos aprisionam. Agimos a maior parte do tempo inconscientemente, no piloto automático.

Os neuropeptídeos que nosso cérebro produz diariamente equivalem aos estados emocionais que vivenciamos.

Se ficarmos nervosos diariamente, se ficarmos frustrados diariamente, se vivermos situações de sofrimento diariamente, se dermos motivos para a vitimização diariamente, estaremos nos conectando com essa rede neural a cada dia e estabelecendo um relacionamento de longo prazo com ela a tal ponto de nos identificarmos com esses sentimentos.

Mas o que parece ruim pode ainda piorar...

Quando viciamos nossas células com a mesma substância por um longo período de tempo essas células se dividem, e formam novas células viciadas na mesma substância. O que significa dizer que nosso corpo terá de emitir uma quantidade maior de neuropeptídeos para alimentá-las, ou seja, quanto mais vivenciarmos um determinado estado emocional, mais receptores viciados na substância química que esse estado libera teremos espalhados por nosso organismo: se tristeza, mais tristeza; se alegria, mais alegria...

A notícia boa é que se deixarmos de alimentar as células que não são boas elas vão literalmente encolher. Haverá cada vez menos delas. Daí a importância em viciar nosso organismo com bons sentimentos, para que as células viciadas nesses estados também possam se multiplicar!

Nós somos fisicamente seres emocionais.

E nossa limitação se dá quando continuamos acessando sempre as mesmas emoções e alimentando as mesmas conexões neurais que causam sofrimento. Acessar essa rede neural impede nossa evolução pessoal e dificulta o caminho para o despertar. Nosso poder ilimitado está justamente no controle de nossos pensamentos e, consequentemente, dessas emoções.

O que você precisa realmente aprender desse processo é que as células nervosas se viciam de nossos sentimentos, sejam eles bons ou ruins.

Vivenciar as mesmas emoções negativas viciantes todos os dias nos impede de viver em plenitude.

Daí a importância de **controlar nosso estado emocional**.

Devemos viciar nossas células nos estados emocionais que desejamos vivenciar.

Quando não conseguimos controlar nosso estado emocional, estamos tão viciados em determinadas emoções que perdemos completamente o controle de nossas vidas. Funciona da mesma forma que o vício em drogas ou álcool para o corpo.

Em uma pesquisa de laboratório, animais tiveram eletrodos conectados a determinadas partes do cérebro que produzem neuropeptídeos. E foram animais treinados para apertar uma alavanca para liberar certas substâncias químicas. Eles escolhiam a liberação do neuropeptídio em detrimento de água e de alimentos até chegar ao ponto da exaustão. Essas substâncias são tão fortes que os animais se esqueceram das necessidades fisiológicas até sucumbirem.

Há pessoas que ficam tão viciadas em algumas emoções que não conseguem deixar o emprego ou o casamento, mesmo que vejam o quão destrutivas são essas relações. O vício em determinadas situações nos impede de escolher opções melhores porque o vício confunde nossas escolhas.

O que acontece na idade adulta é que a maioria de nós teve as próprias dificuldades ao longo do caminho e age de determinada forma diante dela. O problema é que toda vez que essa dificuldade volta a acontecer, agimos da mesma forma.

Sabe aquela pergunta: por que isso sempre acontece comigo?

Agora você já sabe a resposta: vivendo as mesmas emoções nas quais somos viciados...

Mudar significa abandonar os velhos hábitos. E isso não é fácil, é como deixar de consumir uma droga. Teremos de encarar um processo de abstinência química...

O poder da mudança consiste em deixar o velho eu para trás e olhar uma nova versão de nós mesmos, quem desejamos ser de verdade. Consiste em mudar nosso comportamento e realmente criar essa nova versão. É preciso criar novas conexões neurais.

Toda vez que interrompemos um processo de pensamento, evitamos que essas células nervosas se reconectem e células que não se conectam perdem a conexão de longo prazo.

Se um receptor parar de receber alimento, ele diminui. Se praticarmos pensar de uma forma diferente, novas conexões neurais serão criadas.

Portanto, desfazer-se de pensamentos negativos arraigados em nossa mente pode ser uma tarefa difícil, como deixar o cigarro, por exemplo, mas deve ser encarado como um padrão a ser desconstruído com treino e a escolha de não se entregar aos vícios emocionais.

São anos e anos de abuso emocional.

As emoções não são ruins. O problema é estar viciado apenas nas emoções ruins, como: raiva, angústia, gula, vitimização, mágoa.

Temos de aprender a viciar nossas células nas emoções boas, como o amor, a alegria, a esperança, a fé.

Mas como tomar decisões diferentes? Como trabalhar de dentro para fora?

Só existe uma fórmula: mudar os antigos conceitos, sair daquela antiga zona de seu cérebro e fazer novas conexões.

Se você mudar sua forma de pensar mudará também suas escolhas e sua vida.

Devemos prestar atenção a quais células neurais estamos nutrindo. Reformular pensamentos é a ordem.

Sua consciência influencia seu futuro, saia da inércia e desenvolva sua capacidade de pensar de forma mais positiva sobre a vida e, consequentemente, mudar seu destino.

Não gaste sua energia com aquilo que não quer. Não foque nos problemas. Não coloque sua atenção e carga emocional naquilo que você não quer.

Cuide de seus pensamentos. Não tenha pensamentos destrutivos. Não seja vítima de seus pensamentos!

Concentre-se naquilo que você quer, foque em seus desejos e deposite neles toda a sua atenção.

Neuroplasticidade do Cérebro

Nem teus piores inimigos podem te fazer tanto dano como teus próprios pensamentos.
Buda

Quem semeia vento colhe tempestade.
Ditado popular

A qualidade de nossas vidas não é determinada pelo que nos acontece, mas, sim, pela forma com que interpretamos esses acontecimentos.

Se você experimenta internamente felicidade, alegria, contentamento e amor, esses são os sentimentos que expressam como você se comunica consigo mesmo.

Da mesma forma, se você experimenta internamente tristeza, depressão e impotência, esses são os sentimentos que refletem como você está interpretando os acontecimentos e se comunicando com você mesmo.

Você pode dirigir sua atividade mental desenvolvendo uma sensibilidade para reconhecer o nível de vibração de seus pensamentos e avaliar se eles estão aproximando ou lhe afastando de seu objetivo.

Aqueles que dominam seus pensamentos podem mudar sua própria experiência de mundo. Isso só vai depender da maneira que você vai escolher para perceber os acontecimentos.

É você quem deve decidir como vai se sentir. Faça com que as coisas trabalhem a seu favor, e não contra você.

Seu subconsciente não vai parar para fazer uma análise se aquele determinado pensamento vai lhe trazer alegrias ou tristezas, ele vai apenas armazenar as informações recebidas.

Escolha com cuidado seus pensamentos. Você pode escolher ter pensamentos que o levem ao sucesso ou ao fracasso.

Tudo o que vivi me trouxe até aqui e me transformou na pessoa que sou hoje. Eu aceito e honro minha história. E acredito que cada um de nós tem a chance de se transformar, de pensar diferente. Todos somos capazes de mudar nossa história; todos somos capazes de fazer de forma diferente, melhor.

Todos nós vamos colecionando crenças ao longo de nossas vidas, e nem sempre essas crenças são positivas, pelo contrário, algumas delas são bem negativas e nos impedem de realizar nossos sonhos.

Você precisa entender a origem de suas crenças, as causas que o levaram a pensar da forma que você pensa hoje, e assim poderá eliminar essas crenças sabotadoras de sua vida.

Você precisa passar a olhar as situações críticas de sua vida por uma nova ótica e reavaliá-las de uma forma positiva, que lhe traga bem-estar.

Quando ficamos preocupados, ansiosos, tensos, irritados, são essas redes neurais que serão fortalecidas. Esses sentimentos reforçam a produção de cortisol, desencadeando reações comportamentais agressivas e desequilibradas e fazendo com que nos tornemos pessoas cada vez mais estressadas.

Ao contrário, quando nos sentimos serenos, em harmonia, em paz, quando agimos amorosamente, quando praticamos a gratidão, a compaixão e a compreensão, estimulamos essas redes neurais, e esses sentimentos reforçam a produção de dopamina, serotonina, ocitocina e endorfina, que têm o poder de enfraquecer as redes neurais negativas! Um pensamento positivo é centenas de vezes mais poderoso que um pensamento negativo. Ou seja, bons sentimentos têm um impacto significativo sobre nosso bem-estar!

A dopamina

Quando sentimos falta da sensação de bem-estar, de felicidade e de prazer, estamos com ausência de dopamina.

A dopamina é uma substância química liberada pelo cérebro que desempenha uma série de funções, incluindo prazer, recompensa, movimento, memória e atenção.

A dopamina nos motiva a agir em direção aos nossos objetivos e nos dá uma sensação de prazer quando conseguimos atingir nossas metas.

Por essa razão é que precisamos de atividades que nos deem prazer diariamente.

A serotonina

A serotonina está ligada aos transtornos afetivos e de humor. Quando sentimos solidão, tristeza, mau humor, sonolência, ausência de desejo sexual, cansaço, irritabilidade e temos vontade de comer demais a toda hora, isso pode significar que existe uma baixa concentração de serotonina em nosso organismo.

O cérebro libera serotonina quando praticamos atividades físicas ou realizamos tarefas que têm real significância para nossas vidas, quando nos sentimos importantes.

Tenho um amigo muito bem-sucedido na vida. Ele faz caminhadas diárias e aproveita esse tempo para visualizar mentalmente a vida que deseja ter. Ele tem uma energia vital fantástica! Quem sabe essa ideia funcione para você também...

A ocitocina

A ocitocina, conhecida como o hormônio do amor, está relacionada ao prazer, segurança, desejo sexual e bem-estar da mente e do corpo.

A liberação de ocitocina estimula a sociabilidade e o estreitamento de laços de amizade, melhora o humor, reduz a ansiedade e melhora o sistema imunológico.

É liberada durante o parto e a amamentação, e também quando os órgãos sexuais são estimulados. Outra maneira simples de manter a ocitocina fluindo é dar um abraço em alguém.

Endorfina

A endorfina ajuda a aliviar a ansiedade, o estresse e a depressão. Semelhante à morfina, a endorfina age como um analgésico e sedativo, quando liberada estimula a sensação de bem-estar, conforto, melhor estado de humor e alegria e ajuda a diminuir a percepção da dor.

A atividade física regular é uma ótima maneira de estimular a produção de endorfina. Alguns estudos mostraram aumento das dosagens de endorfina até 72 horas após o exercício.

Além dos exercícios físicos, a risada também é uma forma de conseguir liberar endorfina no corpo.

A endorfina, a serotonina, a dopamina e a ocitocina em harmonia produzem sensação de afetividade, bem-estar, motivação, satisfação, alegria de viver e prazer pela vida.

Cada um de nós tem seus motivos para pensar do jeito que pensamos. Todos nós podemos olhar para nossa história e entender que fomos programados e pensamos hoje exatamente da forma com que fomos educados a pensar. Aprendemos de um determinado jeito e construímos um caminho neurológico de tanto pensarmos da mesma maneira.

As pessoas que acreditam em seus sonhos e pensam de forma positiva sobre a vida atraem cada vez mais prosperidade e sucesso, enquanto aqueles que se acham vítimas e acreditam que a vida não é boa atraem cada vez mais problemas e condições de miserabilidade. A escolha é sua.

É o foco de nossa atenção que vai determinar quais redes neurais serão reforçadas ou enfraquecidas e quais substâncias químicas vamos despejar em nosso organismo.

Podemos reestruturar nosso cérebro observando onde está o foco de nossos pensamentos. Prestar atenção no que andamos pensando é o recurso mais valioso que temos para poder transformar nossas vidas. Podemos trabalhar de forma intencional na construção de nossa felicidade.

Processo de Criação da Realidade: Como Lidar com os Pensamentos Negativos Recorrentes

A felicidade não se resume à ausência de problemas, mas, sim, na sua capacidade de lidar com eles.
Albert Einstein

Que força é esta, eu não sei; tudo o que sei é que existe e está disponível apenas quando alguém está em um estado em que sabe exatamente o que quer e está totalmente determinado a não desistir até conseguir.
Alexander Graham Bell

> **Fórmula que define a realidade em que vivemos:**
> Pensamentos conduzem a sentimentos.
> Sentimentos conduzem a ações
> (Agimos de acordo com o que sentimos).
> Ações conduzem a resultados.

Reforce seu entendimento de que a materialização de seus desejos se ajusta com seu padrão de vibração!
Tudo o que vivemos é o resultado do que pensamos.

Então, se sua vida não está do jeito que você queria, ainda dá tempo de mudar. Para isso você só precisa ser capaz de reformular a forma que você pensa.

Se você não mudar sua forma de pensar, continuará criando sempre o mesmo tipo de realidade.

Aqueles que dominam seus pensamentos podem mudar sua própria experiência de mundo.

Se você está se sentindo bem, é porque as coisas vão bem em sua mente, mas se você está se sentindo mal, desconfortável, é porque seus pensamentos estão focados em coisas ruins.

Quanto mais harmonizado se sentir, mais alinhado com seu desejo você estará. Quanto menos harmonia sentir, menos alinhado com seu desejo você estará.

Escolha ter pensamentos que lhe tragam alegria e contentamento.

Como está sua vida hoje? Que tipos de pensamento povoam sua mente? Como se sente?

Como é a vida que deseja viver? Que tipos de pensamento você deve ter? Como precisa se sentir?

A Lei da Atração ou da Intenção funciona tanto para coisas que você deseja como também para as coisas que você não deseja para sua vida, pois, se você voltar sua atenção e pensamento a algo que você não queira, é exatamente isso que vai se materializar em sua vida.

Sua realidade é moldada de acordo com o que você pensa, de acordo com a vibração emanada. Se você estiver sentindo alegria, contentamento e satisfação, está se movendo em direção aos seus sonhos. Entretanto, se você estiver se sentindo desesperado, impotente ou com medo, estará se movendo na direção oposta de seu desejo.

Para que seus sonhos se tornem realidade é preciso haver alinhamento entre aquilo que você acredita e aquilo que deseja. Os estudiosos chamam isso de *fenômeno de afinidade vibratória*.

Você deve ficar atento para que suas crenças estejam em consonância com seus desejos, pois nem sempre aquilo em que você acredita se alinha com aquilo que você espera que aconteça.

Quanto mais consciente você estiver acerca de suas emoções, mais você vai entender a razão de as coisas acontecerem em sua vida dessa ou daquela forma.

Quando você se sente abençoado e acredita que coisas boas podem acontecer em sua vida, você se encontra em um estado de merecimento. Mas, quando se sente injustiçado e acredita que nada de bom pode acontecer em sua vida, você está criando resistência, dificultando que as coisas que deseja aconteçam.

Precisamos entender que, da mesma forma que a Lei da Intenção funciona para coisas que desejamos, ela também funciona para as coisas que não desejamos para nossas vidas, pois se você voltar sua atenção e pensamento em algo que não queira, significa que esse algo também vai se materializar em sua vida.

Nós atraímos tudo aquilo em que focamos nossa atenção. Ou seja, nós atraímos tudo aquilo que tememos; atraímos tudo aquilo de que nos queixamos e também atraímos tudo aquilo que agradecemos. Nós atraímos todas as nossas experiências pelo poder de nosso pensamento.

Preste atenção em seus pensamentos, são eles que vão indicar seu nível de permissão ou de resistência.

Então, se sua vida ainda não está do jeito que você deseja, dá tempo de mudar. Para isso, você só precisa ser capaz de reformular a forma como pensa hoje.

Eu sei que monitorar seus pensamentos é uma tarefa dificílima, mas você pode passar a monitorar seus sentimentos. Essa é uma tarefa bem mais simples.

Se você está se sentindo bem é porque está pensando em coisas boas, mas se você não está se sentindo bem é porque não está pensando em coisas boas, simples assim.

Então, fica bem mais fácil controlar nossos pensamentos por meio do que estamos sentindo.

Nós somos o que pensamos. Nossas emoções são escravas de nossos pensamentos e nós somos escravos de nossas emoções.

Todos os dias devemos fazer escolhas que sejam favoráveis aos nossos sonhos, às nossas paixões.

Se é nossa intenção que cria o resultado, então, para que aconteça a materialização no mundo físico daquilo que desejamos, é preciso haver congruência entre pensamento e sentimento.

Como diria Einstein, insanidade é continuar fazendo sempre a mesma coisa e esperar resultados diferentes. Se você não mudar sua forma de pensar, continuará criando sempre o mesmo tipo de realidade.

Temos de disciplinar nossa mente para adquirir novos padrões de hábitos que criem alinhamento com tudo o que desejamos conquistar.

> **Desalinhamento entre pensamento e sentimento = não obter o que deseja**

Ao ouvirmos desde pequenos que somos burros, incapazes, preguiçosos, internalizamos essas palavras e passamos a acreditar que são verdade e se tornam crenças inconscientes.

Aviso aos pais: jamais diga ao seu filho que ele nunca será bom em matemática, ou que é péssimo em esportes... (isso é uma sugestão hipnótica que vai gerar uma crença limitante capaz de limitá-lo para essas práticas por toda a sua vida).

Pessoas que sofreram influência negativa podem ser conduzidas a ter pensamentos e hábitos autodestrutivos para o restante de suas vidas. Prefira o reforço positivo: se os pais soubessem disso e agissem conscientemente incentivando as crianças a acreditar em suas capacidades, teríamos muito mais adultos que acreditam em seus próprios potenciais.

Minha mãe dizia que eu era uma desastrada. Que toda vez que ela punha uma toalha limpa na mesa eu virava um copo. Isso passou a se tornar comum até que um dia virei um copo de suco inteiro em uma mesa na praça de alimentação, que molhou toda a calça da pessoa que dividia a mesa comigo. Decidi então que isso nunca mais voltaria a acontecer, tamanho o meu constrangimento.

Se você acha que seu filho é um desastrado, ao invés de dizer isso a ele, pergunte: filho, como posso te ajudar a ser mais atento? Ou mesmo: filho, o que você pode fazer para ser mais atento? A resposta dessas perguntas sempre terá o foco na solução.

Outra sugestão aos pais é que permitam que as crianças e os adolescentes façam o que gostam de fazer. Quando os pais agem dessa maneira estão ajudando a fortalecer as conexões neurais de aptidão e capacidade de realização. Quanto mais fazemos o que gostamos, mais aquilo fica enraizado e nos tornamos mais competentes.

Mas se você não teve a chance de ser educado sob a ótica do reforço positivo, dê-se um presente e comece a fazer as coisas que gosta hoje.

Quando temos paixão pelo que fazemos, vivemos intensamente, e é muito mais fácil aprender a fazer o que gostamos que aquilo que não gostamos.

Nossa mente, literalmente, cria tudo o que vivemos: nosso corpo, nossa saúde, nossos relacionamentos, nossa situação financeira.

Quanto mais você pensa em uma coisa, mais você acredita nela, quanto mais acredita, mais daquilo você atrai para sua vida. Nossa realidade é criada com base em tudo aquilo que acreditamos.

Hoje consigo fazer claramente as conexões entre tudo o que vivi e meus sentimentos.

Eu achava que controlar meus pensamentos era uma missão impossível. Minha cabeça pensa o tempo todo! Eu sabia que tinha de pensar em coisas boas, mas eu não sabia o que fazer com aqueles pensamentos não tão bons que apareciam sem ser convidados.

Tem gente que tem diálogo interno. Eu tinha uma comunidade, uma multidão de vozes falando ao mesmo tempo em minha mente.

Eu tinha centenas de pensamentos recorrentes e eles certamente não eram nada bons para mim. Eu pensava: não tenho dinheiro para realizar meus sonhos; nada do que tento fazer dá certo; não dou sorte no amor, não consigo perder peso... E a lista seguia com tantos pensamentos negativos que hoje, quando olho para trás, chego a dar risada de mim mesma.

O pensamento conflituoso é a maior batalha que o homem teve de enfrentar até hoje. Meu amigo João de Deus me deu uma dica: toda vez que eu tivesse um diálogo interno não tão amoroso comigo, eu deveria dizer para minha mente que estava tudo bem ela pensar assim, afinal nós duas (eu e minha mente) havíamos pensado assim nossa vida inteira, mas agora nós duas iríamos começar a pensar diferente sobre coisas boas e positivas. Passei a adotar essa postura e funcionou. Indiquei para várias pessoas e funcionou em todas elas. Então, se você também sofre de diálogos internos desarmônicos, também o aconselho a adotar essa postura. Pode acreditar, funciona mesmo. Sua mente vai se acalmar e você vai começar a criar uma nova rede neural de empoderamento.

Precisamos mudar nossa rede neural. Temos de nos tornar pessoas diferentes, mudar nossas atitudes, mudar nossa forma de pensar e agir.

Enquanto continuarmos a agir como sempre agimos, reforçamos a rede neural já instalada. Gosto de usar como exemplo o caso dos elefantes adestrados. Todos nós sabemos que os elefantes são dotados de grande força. Então, por qual razão um elefante adestrado fica preso a uma estaca fragilmente enterrada no solo e não tenta fugir? A resposta é porque ele foi atado a uma estaca desde muito pequeno. Quando filhote, envidou todos os esforços para tentar arrancar a estaca do chão até que um dia desistiu porque sabia que nunca conseguiria realizar tal façanha.

Então o elefante cresce, torna-se enorme e poderoso, mas não tenta mais fugir porque acredita que é incapaz de fazer isso. Tem gravada na memória a impotência que sentiu quando era filhote. E o pior é que nunca mais tornou a questionar seriamente essa recordação. Jamais tentou pôr novamente à prova sua força. O que o elefante não tem ideia é que a única maneira de saber se é capaz é tentando novamente, de corpo e alma e com toda a sua força!

Assim como o elefante, nós, seres humanos, também agimos.

Algumas pessoas têm *mindset* de vencedor, enquanto outros têm um *mindset* voltado para o fracasso.

Mindset é a maneira de pensar, é o modo como enxergamos o mundo e como reagimos às coisas que acontecem em nossa vida, é nossa configuração mental.

Infelizmente, vivemos uma série de condições controversas em razão de crenças sabotadoras que estão armazenadas lá em nosso subconsciente.

Precisamos começar a observar nossos pensamentos, identificar todos aqueles que são autodestrutivos. A intenção é que passemos a substituí-los de forma consciente por outros pensamentos que nos fortaleçam.

Pense: quais são os pensamentos que o estão impedindo de progredir?

Eu faço uma analogia do plantar e colher. Temos de plantar a semente, adubar o solo, irrigar, cuidar das ervas daninhas. Hoje, começo a colher os frutos de minha plantação. Vi que plantei novas sementes e estou gostando da colheita, e desejo do fundo de meu coração que você também consiga semear novas sementes e comece a alcançar seus desejos.

É obvio que durante um tempo, até que as novas conexões neurais sejam instauradas, vai haver um conflito com as velhas! Mas tudo bem, mais adiante vou ensiná-lo como lidar com essa situação.

O mais importante é que seu *mindset* sempre pode ser aprimorado. Se você conseguir mudar sua forma de pensar e passar a acreditar no sucesso, você vai elevar seu *mindset*.

Escala dos Sentimentos

Quando pratico o bem, sinto-me bem; quando pratico o mal, sinto-me mal. Eis minha religião.
Abraham Lincoln

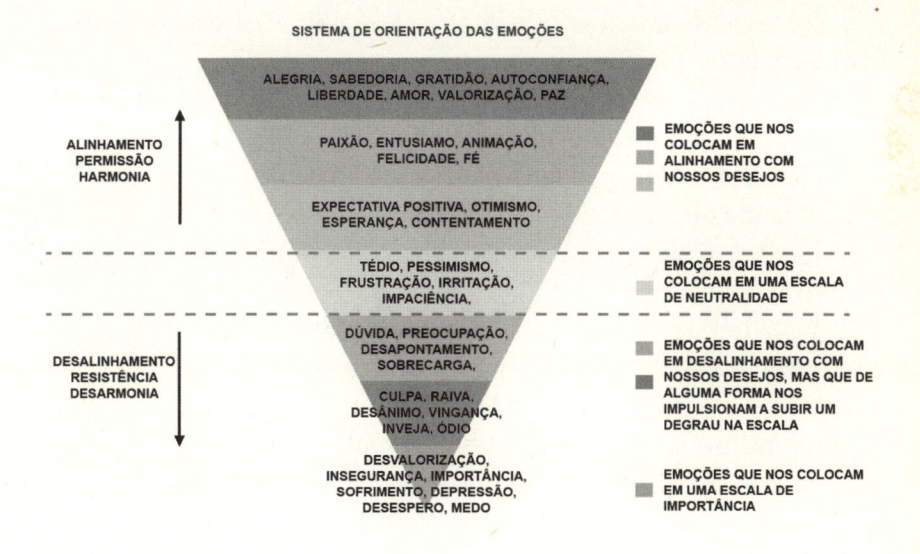

SISTEMA DE ORIENTAÇÃO DAS EMOÇÕES

ALINHAMENTO PERMISSÃO HARMONIA ↑	ALEGRIA, SABEDORIA, GRATIDÃO, AUTOCONFIANÇA, LIBERDADE, AMOR, VALORIZAÇÃO, PAZ
	PAIXÃO, ENTUSIAMO, ANIMAÇÃO, FELICIDADE, FÉ
	EXPECTATIVA POSITIVA, OTIMISMO, ESPERANÇA, CONTENTAMENTO

EMOÇÕES QUE NOS COLOCAM EM ALINHAMENTO COM NOSSOS DESEJOS

TÉDIO, PESSIMISMO, FRUSTRAÇÃO, IRRITAÇÃO, IMPACIÊNCIA.

EMOÇÕES QUE NOS COLOCAM EM UMA ESCALA DE NEUTRALIDADE

DESALINHAMENTO RESISTÊNCIA DESARMONIA ↓

DÚVIDA, PREOCUPAÇÃO, DESAPONTAMENTO, SOBRECARGA.

CULPA, RAIVA, DESÂNIMO, VINGANÇA, INVEJA, ÓDIO

EMOÇÕES QUE NOS COLOCAM EM DESALINHAMENTO COM NOSSOS DESEJOS, MAS QUE DE ALGUMA FORMA NOS IMPULSIONAM A SUBIR UM DEGRAU NA ESCALA

DESVALORIZAÇÃO, INSEGURANÇA, IMPORTÂNCIA, SOFRIMENTO, DEPRESSÃO, DESESPERO, MEDO

EMOÇÕES QUE NOS COLOCAM EM UMA ESCALA DE IMPORTÂNCIA

Quando você passar a tomar consciência de suas emoções, também vai começar a se conscientizar acerca do tipo de vibração que está promovendo.

Se conseguir fazer a ligação entre o que você pensa, sente e o que está vivendo, vai entender como funciona a fórmula da criação.

Conheço muitas pessoas que têm um diálogo interno altamente destrutivo. Pensam com tamanha intensidade sobre coisas negativas e reclamam absurdamente das circunstâncias, mas se elas tivessem a exata noção da força e da intensidade com que seus pensamentos e suas emoções penetram em seu subconsciente, jamais voltariam a repetir essa atitude mental. Se soubessem que agindo assim geram cada vez mais perdas, problemas, limitações e situações desagradáveis em suas vidas, certamente decidiriam ter uma atitude mental mais saudável.

Pensamentos derrotistas, raiva, ódio, sensação de fracasso, preocupação, medo só vão fazer com que você se sinta cada vez mais deprimido e infeliz.

Se você acredita que a situação está ruim e a tendência é piorar, pode ter certeza que é exatamente isso o que vai acontecer.

Não permita que pensamentos de ódio, raiva e hostilidade roubem sua paz, saúde e felicidade. Seu sucesso ou seu fracasso estão em sua mente.

Os relacionamentos que você vive, sejam eles desastrosos ou bem-sucedidos, estão em sua mente.

Tudo o que vivemos em nossas vidas resulta daqueles pensamentos em que colocamos nossa maior atenção.

A prosperidade ou a escassez estão em sua mente.

A saúde ou a doença estão em sua mente.

Lembre-se: você constrói sua realidade por meio de seus pensamentos! Sua mente é a máquina geradora de suas experiências.

Você tem de desejar sair de qualquer situação não harmônica em sua vida. Você tem de desejar ser feliz.

Se você pensa negativamente, está mais do que na hora de promover uma mudança em sua atitude mental. A felicidade é um estado da mente. A felicidade é uma questão de decisão. Escolha ser feliz!

Se está deprimido, escolha sair dessa situação, cuide de sua mente, alimente-a com bons pensamentos, decida que escolhe ser saudável e feliz. Diga à sua mente que você a entende, que sabe exatamente por que está depressivo, mas que de hoje em diante você e ela vão fazer um trabalho conjunto para ficarem felizes. Faça esse diálogo interno.

Se está se sentindo derrotado, fraco, vítima das situações, entenda que a única maneira de sair disso é mandando para seu subconsciente a mensagem de que você é forte e capaz; e é claro que sei o quanto isso é difícil e trabalhoso, mas, acredite em mim, você pode, sim, mudar sua condição atual.

O segredo para elevar seus sentimentos é sempre olhar as coisas que o fazem sentir-se mal sob um novo ângulo, uma nova perspectiva. Toda vez que você eleva seus sentimentos, mais você permite o alinhamento com a Fonte.

Se conseguir melhorar o que está sentindo, você automaticamente começa a progredir em relação à sua meta.

Preste atenção no que está sentindo e escolha intencionalmente seus pensamentos de um modo que você consiga se sentir melhor.

Você deve se concentrar naquilo que lhe agrada. Deve tentar manter o foco naquilo que lhe dá prazer.

Quando suas emoções são negativas, você está criando resistência para a realização de seu desejo. Está tomando a direção errada em relação aos seus desejos. Quanto mais resistência você cria, mais se distancia de viver a vida de seus sonhos.

Lembre-se de que seus sentimentos irradiam vibrações. Lembre-se de que você é energia, tudo no Universo é energia. Fique atento ao tipo de energia que está emanando, pois as vibrações que você emana são o ponto de atração das coisas que está vivendo.

Lembre-se da Lei de Newton: toda ação corresponde a uma reação de igual ou maior intensidade e em sentido contrário.

Se você emanar amor, vai atrair amor; se emanar ódio, vai atrair ódio. Quanto mais amor emanar, mais amor vai receber; quanto mais ódio emanar, mais ódio vai vivenciar em sua vida.

Encontre uma maneira de não pensar nas coisas indesejadas, e sim nas coisas desejadas. Encontre uma maneira de se sentir melhor sempre.

Quando você se sente melhor e sobe na escala do bem-estar, menos resistência você gera, e a liberação da resistência significa alinhar-se com o que você realmente quer.

E quando intencionalmente você liberar a resistência, começará a experimentar melhoras graduais em sua vida.

Lembre-se de que, se sua vida não é hoje a vida de seus sonhos, é porque você não tinha a consciência do poder que seus pensamentos exercem na materialização de sua realidade.

O mais importante é que você pode retomar o caminho certo com destino aos seus sonhos.

Ao dar esse passo de maneira deliberada, você estará permitindo ir de onde está para onde deseja chegar.

Mesmo que neste momento você não esteja se sentindo absolutamente feliz, o segredo para tomar o controle de sua vida é decidir que vai fazer tudo o que for preciso para melhorar o que está sentindo.

Para que as mudanças comecem a acontecer, não é necessário que você tome atitudes extremas: um simples passo, uma simples mudança de ideia já pode ser o começo.

O primeiro passo pode ser tão simples como mudar o pensamento de "eu não consigo" para simplesmente "eu posso conseguir"!

Agora você já conhece como funciona o Sistema de Orientação das Emoções: quando mudamos nossa forma de ver o mundo, o mundo muda.

Quando você sente emoções positivas como entusiasmo, felicidade, contentamento, amor, gratidão, essas emoções são seu indicador, seu "sexto sentido", e revelam que quando sua atenção está focada no bem, você está vibratoriamente alinhado com a frequência de sua Fonte de Energia, seu Eu Superior, nesta escala você vibra em uma frequência de permissão.

Às vezes tentamos realizar coisas, tentamos correr atrás de nossos sonhos. Esforçamo-nos para que alguma coisa dê certo. Mas parece que nada acontece. Parece que não saímos do lugar. Toda a nossa luta resulta em nada.

Quando você adota uma vibração mais baixa, o resultado dessa situação é uma diminuição na vibração, gerando uma resistência, dificultando a realização de seus desejos.

Resistir é colocar sua atenção naquilo que você não quer, naquilo que você desaprova, naquilo que o preocupa, o aborrece ou que o entristece.

Lembre-se sempre: para que nossos sonhos se tornem realidade é preciso que haja um alinhamento entre o que pensamos e sentimos.

Quando nos concentramos naquilo que desejamos, podemos sentir harmonia ou desarmonia. Quanto mais harmonizados nos sentirmos, mais alinhados com o nosso desejo estamos. Quanto menos harmonia sentirmos, menos alinhados com os nossos desejos estamos.

Nosso ponto de atração está exatamente no lugar de nossa escala de vibração.

Avaliar como nos sentimos nos dá a exata percepção de qual tipo energia estamos emanando em nosso campo vibracional.

Devemos criar uma expectativa positiva em cima de nossos desejos. Nossas emoções devem sempre vibrar na escala do amor, da alegria, do contentamento e da esperança.

Mas se, ao contrário, nos concentrarmos na ausência daquilo que desejamos, nossas emoções vão vibrar na escala do pessimismo, do desânimo e da insegurança, e essa escala nos coloca em desalinhamento vibrátil com nosso desejo.

ALEGRIA, SABEDORIA, GRATIDÃO, AUTOCONFIANÇA, LIBERDADE, AMOR, VALORIZAÇÃO, PAZ, PAIXÃO, ENTUSIASMO, ANIMAÇÃO, FELICIDADE, FÉ, EXPECTATIVA POSITIVA, OTIMISMO, ESPERANÇA, CONTENTAMENTO

É a força desses sentimentos (Sentimentos da parte superior da pirâmide) que nos coloca em alinhamento com nossos desejos. Quanto mais formos capazes de senti-los, mais rapidamente vamos impulsionar nossas vidas em direção aos nossos sonhos.

TÉDIO, PESSIMISMO, FRUSTRAÇÃO, IRRITAÇÃO, IMPACIÊNCIA, DÚVIDA, PREOCUPAÇÃO, DESAPONTAMENTO, SOBRECARGA, CULPA, RAIVA, DESÂNIMO, VINGANÇA, INVEJA, ÓDIO, DESVALORIZAÇÃO, INSEGURANÇA, IMPOTÊNCIA, SOFRIMENTO, DEPRESSÃO, DESESPERO, MEDO

Entretanto, quando vibramos nos sentimentos que estão na parte inferior da pirâmide, colocamo-nos em um estado de resistência; ficamos em desalinhamento vibrátil com nossos desejos.

Devemos ter a consciência do que estamos sentindo, pois se não soubermos quais emoções estão governando nossas vidas, não vamos saber qual rumo nossas vidas estão tomando. Quando você tiver consciência do que está sentindo, poderá manter seu foco e tentar permanecer na escala mais alta das emoções.

Se você notou que está vibrando em um dos níveis menos elevados da escala, não fique chateado. Lembre-se de que sempre haverá a possibilidade de subir um degrau acima; encontre um jeito de ir subindo na escala para se sentir melhor e agradeça pela oportunidade de entender que sua vida pode mudar para melhor.

> Mesmos pensamentos + mesmos sentimentos
> = **MESMOS RESULTADOS**
> Pensamentos diferentes + sentimentos diferentes
> = **RESULTADOS DIFERENTES**

Veja que pensamentos você está alimentando através da vida que vem levando...

É você quem decide seu estado interno, isso depende única e exclusivamente de você.

Se você ainda se sente incapaz de vigiar seus pensamentos e emoções, vigie seu corpo. Você tem três órgãos que serão ótimos aliados para identificar como se sente: sua garganta, seu coração e seu estômago. Nó na garganta, coração apertado e estômago embrulhado são sinais de que você não está em paz.

Não existe um sistema de orientação melhor para nos guiarmos do que nossas emoções. Se entendermos o que estamos sentindo, saberemos exatamente o que estamos atraindo para nossa vida.

Quando não temos uma percepção consciente daquilo que estamos sentindo, não sabemos conscientemente para qual direção nossa vida está seguindo, e passamos a ser marionetes de nosso subconsciente, marionetes de nossas crenças.

A coisa mais importante que devemos entender é que nosso nível de vibração cria nossa realidade. Tudo no Universo irradia um campo de energia. Imagine o Universo como uma máquina capaz de captar todas as suas vibrações. Se você está tenso ou relaxado, se você está feliz ou triste, se você está acreditando ou duvidando. Imagine o Universo dotado de sensores capazes de detectar um mínimo movimento seu, capaz de identificar com precisão milimétrica a qualidade de seus pensamentos, de seu estado interno.

O que determina a qualidade das ondas vibratórias que emitimos são os sentimentos que permeiam cada um de nossos pensamentos.

Quando pensamos, emitimos ondas magnéticas, também chamadas de ondas vibratórias, que vão se sintonizar a vibrações semelhantes no Universo.

Todo pensamento vibra, todo pensamento emite um sinal e atrai de volta um sinal correspondente. Nossos pensamentos são ondas de energia, e nossa vida é o reflexo de nossos pensamentos.

Tudo o que existe é feito de energia, e o poder de atração e aglutinação dessas energias se dá pela similaridade de vibrações.

Podemos fazer uma analogia com os aparelhos eletrônicos, como, por exemplo, o rádio, que transmite sinais elétricos através do ar. Da mesma forma, quando pensamos a movimentação das cargas elétricas em nosso cérebro, dá origem a ondas eletromagnéticas que são transmitidas para o meio.

Para sintonizarmos uma emissora de rádio ou televisão, precisamos procurar determinada frequência de onda; caso contrário, não vamos conseguir ouvir ou ver a programação.

Assim como o rádio, que sintoniza uma única onda magnética por vez, ao pensarmos em algo sintonizamos nossa atenção nisso e passamos a observar o mundo por essa ótica.

Há muitas maneiras de conseguirmos as coisas que desejamos para as nossas vidas, mas todas elas começam com os pensamentos que escolhemos ter.

Tudo o que se cria na mente se apresenta para a mente subconsciente como verdade. Perceba a importância de observar seus pensamentos. Sua realidade está sendo criada com base no que estamos pensando. Aquilo que pensamos se manifesta como realidade!

Cientistas também identificaram que, além das ondas magnéticas emitidas por nossos pensamentos, nosso coração também emite constantemente ondas de pressão, calor, luz, sinais elétricos, magnéticos e eletromagnéticos, e essas ondas são moduladas de acordo com nossos padrões emocionais.

O coração tem padrões ritmados de batimentos. Esses padrões mudam de acordo com nossos sentimentos.

Se estamos felizes, se estamos emitindo amor, o padrão rítmico do coração é suave e organizado. Esse ritmo sincroniza-se com o ritmo do cérebro, do sistema nervoso, com os órgãos e glândulas de nosso corpo, que entram em harmonia com o ritmo do coração.

Já as emoções negativas levam o coração a bater em um ritmo muito diferente, gerando uma desordem no sistema biológico.

Podemos perceber quando as pessoas estão vibrando em um ritmo organizado. Essas pessoas emitem amor, alegria, calma.

Já nas pessoas que estão vibrando com um ritmo cardíaco que gera desordem no organismo, sentimos uma má vibração, que é capaz de gerar discórdia nos ambientes.

A pergunta que vai esclarecer o que você está gerando para sua vida é: o que você costuma pensar durante a maior parte do tempo? Quais pensamentos povoam sua mente? A resposta dessas perguntas vai lhe dizer qual é seu padrão de afinidade vibratória.

A Importância de Manter o Foco no Objetivo Desejado

> *Purifica teu coração antes de permitires que o amor entre nele, pois até o mel mais doce azeda em um recipiente sujo.*
> **Pitágoras**

Algumas vezes desejamos muito que determinada coisa aconteça em nossa vida, mas só vivenciamos situações contrárias aos nossos anseios. Isso ocorre porque de alguma forma estamos fixados em um padrão de pensamento que é contraditório ao resultado que desejamos.

Quando desejamos muito que determinada coisa aconteça e acobertamos nosso desejo com dúvidas, incertezas e medo, estamos colocando muita resistência sobre ele. A presença da resistência significa que não estamos permitindo que a energia de nosso desejo flua em sintonia com vibrações semelhantes no Universo.

Existem pensamentos que nos colocam em total desalinhamento com nossos desejos, e nem paramos para avaliar o quanto eles podem prejudicar nossa vida. Quando pensamos, por exemplo, "eu realmente espero que isso nunca aconteça comigo", "eu não posso perder meu emprego", "eu não quero ficar doente", "eu não quero ficar sozinho", entre tantos outros exemplos, nós colocamos o foco naquilo que não desejamos que aconteça.

Ao pensarmos naquilo que não desejamos, estamos mandando uma mensagem de medo e insegurança para o subconsciente e nos alinhamos vibracionalmente justamente com o que não queremos que aconteça.

Por essa razão, jamais devemos pensar no que não desejamos; devemos, sim, pensar em tudo o que queremos que aconteça. Nossos pensamentos devem estar voltados para nossos desejos, e não para nossos medos e inseguranças.

Também acontece muitas vezes de sonharmos com determinada coisa, mas vivermos situações completamente opostas aos nossos anseios.

Veja, por exemplo, uma pessoa obesa que deseja muito emagrecer e faz de tudo e não consegue, faz todo tipo de dieta, emagrece 30 quilos, sente-se feliz da vida, mas.... Em algum tempo engorda o dobro do que havia eliminado. Então ela pensa: "eu não quero ser gorda". Mas por que será que isso acontece? Imagine que, quando criança, essa pessoa era gordinha. Seus pais a elogiam o tempo todo dizendo a ela: "... que fofinha, que gracinha...". Assim ela aprende que, quanto mais fofinha (gordinha) ela for, maior será a atenção depositada nela. Só que agora já não é mais criança e não precisa estar fofinha para chamar a atenção. Ocorre que a conexão neural instaurada na infância ainda está ativa, dizendo: "seja gordinho que você terá a atenção de todos!". Existem centenas de células receptoras em seu corpo dizendo: "você precisa ser gordinha para chamar a atenção das pessoas".

Essa pessoa vai precisar criar novas conexões neurais; vai precisar adotar uma nova maneira de pensar, pois enquanto a antiga conexão neural estiver ativa, ela não vai conseguir emagrecer.

E, da mesma forma que a conexão neural da dificuldade em emagrecer, existem centenas de outras, nas mais diversas áreas de nossas vidas.

Há pessoas que afirmam que querem ganhar mais dinheiro, que desejam ganhar na loteria, que desejam ficar ricas, mas repetem o tempo todo que estão endividadas, cheias de contas para pagar, que a vida está difícil, que não aguentam mais tanta pobreza. Com esse tipo de pensamento, estão reforçando uma conexão neural de uma pessoa que não tem dinheiro e que passa por dificuldades financeiras.

Outras desejam uma vida mais feliz, mas afirmam o tempo todo que "não querem mais sofrer", e com isso reforçam uma conexão neural de sofrimento.

Outras querem um trabalho no qual se sintam realizados, mas afirmam o tempo todo que odeiam seu trabalho, e com isso reforçam a conexão neural de uma pessoa infeliz no trabalho.

Outras desejam uma vida com mais saúde, mas afirmam o tempo todo que não aguentam mais ficar doentes e reforçam a conexão neural da doença.

Há pessoas que desejam viver um relacionamento amoroso feliz, mas afirmam o tempo inteiro que se sentem sozinhas e infelizes ou que não suportam mais seu parceiro ou sua parceira e reforçam cada vez mais uma conexão neural de que são infelizes no relacionamento.

E é assim que funciona para tudo!

Não pense que você exclui o sofrimento de sua vida usando a palavra "não".

Lembre-se de que nunca, nunca, nunca, jamais devemos nos concentrar naquilo que não queremos para nossa vida. Devemos, sim, focar naquilo que desejamos que aconteça! Nosso foco deve estar no desejo e não no problema que estamos enfrentando, nem nos nossos medos ou preocupações.

Lembre-se de que irradiamos uma frequência, e se colocarmos nosso foco em nosso problema estaremos irradiando para o Universo uma frequência de problema, e, consequentemente, é exatamente isso que vamos atrair para nossa vida.

É preciso que você entenda que atraímos para nossa vida situações que vibram na mesma frequência que nosso FOCO!

A diferença entre as pessoas que conseguem viver a vida dos sonhos e as que só atraem problemas está no conjunto de pensamentos que essas pessoas têm.

Entender como funcionam nossas conexões neurais e a força que elas exercem em nossas vidas é a chave para conseguirmos que as mudanças aconteçam.

E eu sei que nem sempre conseguimos controlar nosso estado emocional, mas precisamos dar nosso melhor para fazer com que isso aconteça na maior parte do tempo.

Lembre-se de que um pensamento positivo é centenas de vezes mais poderoso que um pensamento negativo.

Então, se alguma vez você momentaneamente não conseguir controlar seus sentimentos, não se culpe; apenas se esforce ao máximo para tentar melhorar sempre.

Preste atenção no que anda pensando e avalie com muita cautela e atenção os sentimentos que disso decorrem. Você precisa ter a consciência plena das emoções que seus pensamentos provocam e avaliar em que escala vibracional suas emoções se encontram.

Quando você aprender a monitorar sua mente, vai ficar muito mais fácil controlar a pressão que os problemas do cotidiano exercem sobre sua vida. Aprender a colocar o foco na solução e não no problema.

Você deve ter pensamentos que fazem você se sentir bem com muita frequência, até que eles passem a ser a vibração dominante dentro de você.

Podemos pegar qualquer experiência e torná-la uma oportunidade para crescer, ou torná-la um convite para decair.

Jesus disse: "Vigiai e orai". Vigie seus pensamentos e peça por aquilo que deseja!

Você precisa encontrar o pensamento que o alinha com a realização de seu desejo.

Mais uma vez eu lhe digo: sua vida é resultado de seus pensamentos. Então, eleve seus pensamentos para o bem e você vai começar a alcançar resultados surpreendentes em sua vida.

Sintonizar Suas Emoções Com Seus Desejos

Temos que decidir o que vai ser, quem vamos ser e como vamos fazer isso acontecer.
Will Smith

A resposta certa não importa nada: o essencial é que as perguntas estejam certas.
Mario Quintana

O Universo é uma harmonia de contrários.
Pitágoras

Se você é positivo, então, nada é negativo para você. Se você for negativo, então, tudo será negativo para você. Você é a fonte de tudo o que existe à sua volta; você é o criador de seu próprio mundo.
Osho

Que tipo de perguntas povoam sua mente subconsciente?
Como já disse, durante boa parte de minha vida eu costumava ser uma pessoa com pensamentos bem destrutivos. Eu me perguntava: por que nada dá certo para mim? Por que nunca dou sorte no amor? E tantas outras perguntas negativas...
Diante de tudo o que foi dito até agora, já deu para perceber que eu atraía para minha vida justamente o resultado dessas perguntas que eu vivia fazendo.

Quando perguntamos: por que nada dá certo para mim? O nosso subconsciente não julga se essa é uma situação positiva ou não. Ele apenas vai trabalhar para que nada dê certo em nossa vida. Ele precisa agir com coerência e dezenas de coisas erradas começam a acontecer.

Quando fazemos perguntas negativas, colhemos exatamente os frutos que estamos plantando.

Podemos enviar à nossa mente sinais poderosos e fortalecedores que farão tudo trabalhar a nosso favor, ou podemos enviar sinais que nos enfraquecem e fazem com que as coisas fiquem cada vez mais difíceis.

É claro que eu desejava que as coisas começassem a dar certo em minha vida, mas eu realmente acreditava que tudo o que eu fazia dava errado.

Existia um desalinhando entre o que eu desejava e o que eu acreditava. Minha maneira negativa de enxergar a vida me mantinha distante de meus desejos.

Foi preciso trilhar um longo caminho de perdas para que eu entendesse por que minha vida era como era.

Eu estava cheia de dívidas, minha vida sentimental era um fracasso, me achava feia, como é que eu poderia pensar de uma forma positiva?

Eu até tentei pensar positivo. Eu pensava: "Eu sou uma pessoa próspera, eu tenho tudo o que desejo, todos os meus sonhos se tornam realidade", e tantas outras afirmações.

Para cada uma delas vinha uma voz de fundo que dizia: "Você é próspera, hahahaha, isso só pode ser uma piada... Você tem tudo o que deseja, fala sério, tem certeza de que nós estamos falando de você mesma? Todos os seus sonhos se tornam realidade, hahahaha, agora você me matou de rir...".

E cada vez que eu ouvia essa voz interior rindo de minhas afirmações, eu sentia que nada daquilo que eu pensava ia funcionar. Sentia que estava perdendo meu tempo, afinal, se nem minha voz interior acreditava naquilo que eu pensava, então como é que o mundo ia acreditar?

E se não funcionava comigo, como poderia funcionar para as outras pessoas?

De fato, pensar de forma positiva funciona sim, mas funciona apenas para as pessoas que estão alinhadas com a mente consciente e inconsciente, para as pessoas que realmente acreditam que pode dar certo. Mas, para as pessoas que ainda não alcançaram esse alinhamento, o processo de fazer afirmações positivas é lento e quase ineficaz, pois a voz interior vai questionar cada uma das afirmações e se a voz interior não acreditar nelas, nada vai funcionar.

E se fazer afirmações positivas não dá certo, o que funciona então?

Primeiro passo

Se fazer afirmações positivas com você não funciona, vou lhe ensinar uma fórmula perfeita para romper suas barreiras. Primeiramente você deve entender todas as crenças que o impedem de ter sucesso na vida.

É preciso que você passe a avaliar os problemas que você passa no dia a dia.

Você pode dizer, por exemplo:

Odeio meu trabalho, ou nunca tenho dinheiro para pagar minhas contas, ou vivo doente, minha saúde é frágil, ou nunca dou sorte no amor, meus relacionamentos são um desastre.

Nessa etapa, é extremamente importante que você relacione todas as sensações que o incomodam nas várias esferas de sua vida.

Quais são suas dificuldades com relação à sua carreira, família, dinheiro, saúde, relacionamentos e quais são seus pensamentos com relação a essas dificuldades, como você se sente em relação a cada uma delas, e comece a fazer uma lista de todas as coisas que te fazem sofrer.

Segundo passo

Depois de identificar os problemas, seus pensamentos e sentimentos em relação a eles, vamos achar quais os sentimentos contrapostos àqueles dos quais você quer se livrar.

Abaixo, uma tabela que servirá como um guia para exemplificar sentimentos contrapostos:

SENTIMENTO VIVIDO	SENTIMENTO CONTRAPOSTO
Detesta seu trabalho	Ama seu trabalho
Nunca tem dinheiro	Sempre tem dinheiro sobrando
Vive doente, saúde frágil	Pessoa supersaudável
Relacionamentos instáveis	Relacionamentos harmoniosos

EMOÇÕES POSITIVAS	EMOÇÕES OPOSTAS (NEGATIVAS)
Alegria	Tristeza
Gratidão	Raiva – Ingratidão
Amor	Ódio
Autoconfiança – Valorização	Constrangimento – Vergonha – Culpa – Remorso – Desvalorização – Insegurança
Liberdade – Alívio	Impotência – Sobrecarga – Desapontamento
Paz	Irritação – Impaciência
Paixão – Entusiasmo – Animação	Desânimo – Tédio
Felicidade	Sofrimento – Depressão
Fé	Dúvida – Preocupação
Otimismo – Expectativa Positiva	Pessimismo – Desespero – Medo
Esperança – Contentamento	Frustração – Irritação
Generosidade	Ira – Vingança – Inveja

Terceiro passo

Se tomarmos o primeiro exemplo, cuja afirmação é: "Odeio meu trabalho", fazer afirmações positivas de que você o ama simplesmente não vai funcionar.

Se você afirmar que ama seu trabalho, aquela voz que mora dentro de sua cabeça vai dizer: "Você está louco, você detesta ir trabalhar, como você vem dizer que ama, isso é uma mentira!".

Se você nunca tem dinheiro para pagar suas contas e afirmar para você mesmo que é uma pessoa próspera e que tem dinheiro sobrando, aquela mesma voz vai rir de você.

Ou, se você vive doente, se afirmar que tem uma saúde de ferro, a mesma voz vai dizer: "Então por que você sente tantas dores?".

Da mesma forma que não vai dar certo fazer afirmações positivas em qualquer área em que você esteja enfrentando dificuldades.

Se você nunca deu sorte no amor, ao afirmar que seus relacionamentos são bem-sucedidos, você vai ouvir: "Isso é uma balela! Está querendo enganar a quem?".

É fato: se você não estiver alinhado com as afirmações, sua mente vai travar uma luta séria dentro de sua cabeça.

Mas, se para criar alinhamento vibrátil com o Universo é preciso que seus pensamentos estejam alinhados com seus sentimentos, o que fazer se as afirmações não funcionam?

A fórmula mágica é fazer perguntas que o levem ao estado desejado.

Você já identificou os sentimentos contrapostos àqueles que você está sentindo, então vamos fazer perguntas todas em alinhamento aos sentimentos exatamente contrários àqueles que você deseja mudar.

Então, se você odeia seu trabalho, provavelmente você está em busca de outro emprego que você ame e que lhe dê prazer. Então, em vez de afirmar que você o ama, e receber em resposta de sua mente que isso é uma mentira, que tal questionar-se:

– Por que mereço encontrar um trabalho que eu ame e que me dê prazer?

– O que eu amo em um trabalho?

– O que vou sentir quando estiver trabalhando feliz?

– Quais são as recompensas de uma pessoa que ama seu emprego?

Você vai perceber que, fazendo perguntas que o levam ao estado desejado, em nenhum momento você vai ser desafiado por aquela voz que vive falando dentro de sua cabeça. Isso é maravilhoso!

Seguindo em nossa sequência de exemplos, se você afirma que nunca tem dinheiro para pagar suas contas, o ideal é que faça perguntas positivas, como por exemplo:

– Por que mereço ter dinheiro sobrando em minha conta-corrente?

– O que eu sentiria se tivesse dinheiro sobrando em minha conta?

– O que eu faria se tivesse muito dinheiro?

Tenho certeza de que, se você responder a essas perguntas, você vai mudar seu ponto de vista do negativo para o positivo. Isso cria alinhamento vibrátil com as situações que você deseja.

Se você vive doente, pergunte-se:

– Por que mereço ter uma saúde de ferro?

– Quais são as vantagens de ser uma pessoa saudável?

– Se eu tivesse uma boa saúde, o que eu poderia fazer que não faço hoje?

Dá para perceber como seria sua vida se tivesse saúde, não é verdade?

Se você nunca deu sorte no amor, tudo o que você quer atrair para sua vida são relacionamentos bem-sucedidos, então comece se questionando:

– Por que mereço viver um relacionamento estável e bem-sucedido?

– Como seria ter ao meu lado uma pessoa com quem eu pudesse contar e confiar?

– O que um relacionamento feliz me proporcionaria de bom?

Conseguiu entender como perguntas positivas o colocam em um estado emocional de alinhamento?

É muito diferente a sensação que elas lhe trazem, não é mesmo?

A fórmula mágica é fazer perguntas que o levem ao estado desejado.

Então, inverta as questões que estão povoando sua mente para perguntas afirmativas.

Lembre-se de que, se você fizer perguntas negativas, vai receber respostas negativas. Portanto, nunca concentre seu foco no problema. Faça perguntas afirmativas que vão colocar o foco na solução.

Lembre-se de que tudo o que você vive em sua vida é reflexo de seus pensamentos. Se você passar a fazer perguntas positivas, sua mente vai começar automaticamente a buscar as respostas positivas para você e, consequentemente, você vai começar a colher esses frutos. Sua mente vai começar a formar novas conexões neurais e seu corpo vai começar a alimentar novos receptores com a substância química relacionada ao seu desejo. As coisas vão começar a funcionar de uma maneira melhor em sua vida.

Comece a pensar de forma positiva, elimine todos os pensamentos que lhe fazem sentir tristeza e impotência. Todas as vezes que sentir que algo não está indo bem, avalie qual é o sentimento que o está colocando para baixo. Depois de identificar esse sentimento negativo, verifique qual é o sentimento positivo exatamente contraposto àquele que você está sentindo e faça perguntas que o levem ao estado desejado.

Vigie seus pensamentos. Exercite essa nova forma de pensar. Você vai notar que em poucas semanas suas emoções vão mudar completamente.

Quando você faz perguntas positivas, muda seu foco. Você passa a se concentrar naquilo que deseja, não no problema pelo que está passando.

Você vai passar a ter o controle de seus sentimentos e vai se alinhar com o Universo.

Agindo assim, você terá a Lei da Intenção agindo em seu favor.

Mas não fique aborrecido com você quando perceber que está sentindo emoções negativas. Sinta-se agradecido, afinal elas são um excelente sistema de orientação.

Quando você perceber que sua energia está fluindo na direção oposta da coisa que você quer, mude deliberadamente a direção do fluxo de energia.

Eu mesma já agi como vítima muitas vezes, e posso garantir que nesses momentos minha vida não era boa comigo. Somente quando agi com resiliência e passei a acreditar em meus sonhos é que comecei a atrair aquilo que eu desejava para minha vida.

Pare de pôr a culpa em seu chefe, seus pais, seus filhos, sua esposa ou seu marido, ou no mundo. Você já ouviu a expressão: quem quer fazer algo procura um meio, quem não quer arranja uma desculpa? Qual das opções você vai escolher?

Então, se sua vida não está do jeito que você deseja, está em tempo de mudar, para isso você só precisa ser capaz de reformular a forma que você pensa.

Enquanto você não mudar o foco de seus pensamentos, enquanto sua vibração não for diferente, a tendência é continuar a atrair cada vez mais o mesmo tipo de experiência que você tem vivenciado.

Se você deseja se livrar de uma situação desagradável, você tem de visualizar um quadro diferente daquele que você está vivendo.

Não importa por quais problemas você esteja passando, como está vivendo, o importante é que você saiba que deve elevar seus pensamentos para sentimentos que lhe gerem bem-estar. Somente quando começar a encarar os desafios de uma nova maneira é que sua vida vai mudar. Adotando essa postura, você vai perceber que é possível promover mudanças e vai superar um a um os problemas que surgirem em sua vida.

Pense no presente. Sinta no presente. Colha no futuro.

Onde estão seus pensamentos agora? Eles o estão apoiando ou estão sabotando? Seu foco está nos problemas que você está passando ou na solução deles?

LEMBRE-SE: **Seu foco define sua vida!**

É preciso que você comece a direcionar seus pensamentos para aquilo que você deseja realizar!

É tudo uma questão de entender o "*mindset game*", o "jogo de sua mente".

Gosto de usar como exemplo a parábola de dois irmãos gêmeos que tinham um pai alcoólatra. Ao crescerem, um deles se tornou alcoólatra também. Quando lhe perguntaram o que o tinha levado ao álcool, ele respondeu:

"*Meu pai me deu mau exemplo*".

O outro irmão gêmeo também cresceu e jamais se deixou dominar pelo álcool. Quando lhe perguntaram como tinha se mantido longe do vício, ele respondeu:

"*Meu pai me deu mau exemplo*".

Os dois tinham o mesmo sangue. A mesma cara. O mesmo pai. A mesma idade. A mesma criação. O mesmo exemplo. Os mesmos problemas. Mas não fizeram as mesmas escolhas pessoais. Um escolheu ser vítima. O outro escolheu ser livre.

Não acredito que existam duas correntes, uma de coisas boas e outra de coisas ruins. Para mim, aquilo que taxamos de "ruim" é apenas a ausência do bom. Acredito que a tristeza é a ausência da alegria, que a raiva é ausência de gratidão, que ódio se dá em razão da ausência do amor, que a impaciência acontece quando existe ausência de paz e que o sofrimento seja ausência de felicidade.

Sua realidade é você quem cria. Se você tem representações internas positivas ou negativas, você as criou assim.

Por que há tantas pessoas neste mundo que vivem tão alegres, apesar de muita adversidade, enquanto outras estão enrugadas de tanta tristeza?

Por que algumas pessoas superam adversidades horríveis e inimagináveis e fazem de suas vidas um triunfo, enquanto outras, apesar de tantas vantagens, transformam suas vidas em um desastre?

As pessoas que acreditam em seus sonhos e pensam de forma positiva sobre a vida atraem cada vez mais prosperidade e sucesso, enquanto aqueles que se acham vítimas e que acreditam que a vida não é boa atraem cada vez mais problemas e condições de miserabilidade.

A escolha será sempre personalíssima.

Aprenda a criar recursos para enxergar sempre o lado positivo das coisas!

Não seja mais vítima, não encontre mais desculpas para seus fracassos. Seja protagonista de sua vida.

Se funcionou comigo e com tantas outras pessoas, acredite que pode funcionar com você também.

Meu Ponto de Mutação: Começando a Pensar Fora da Caixa

Sempre que houver alternativas, tenha cuidado. Não opte pelo conveniente, pelo confortável, pelo respeitável, pelo socialmente aceitável, pelo honroso. Opte pelo que faz seu coração vibrar. Opte pelo que gostaria de fazer, apesar de todas as consequências.
Osho

Desde o primeiro dia em que assumi verdadeiramente minha carreira jurídica até o último dia, a vida era insana. Lembro-me de que passei noites sem conseguir dormir de tão preocupada com o trabalho.

E exatamente ali nascia em mim um monstro: A INSÔNIA!

E assim segui minha vida como advogada por quase quinze anos. Trabalhando muito e insone... Não dormia nem com 20 gotas de Rivotril (remédio tarja preta para dormir), sendo que a recomendação médica era de cinco gotas... Em resumo, eu não dormia!

Sempre fui muito responsável com meu trabalho. Dei o melhor de mim em tudo que fiz, mas nunca me senti verdadeiramente realizada com minha carreira jurídica. Eu era o cansaço em forma de pessoa. Até que eu conheci o "*Bacana*"!

Eu trabalhava como gerente jurídica de uma grande empresa de telecomunicações, em Brasília. Para uma menina que tinha nascido, crescido, estudado e vivido no bairro Jordanópolis, em São Bernardo do Campo, eu tinha certamente alcançado o sucesso, era uma executiva com duas especializações: Direito Público e Telecomunicações... Quem poderia imaginar?

Eu tinha uma equipe que me amava como líder, um emprego dos sonhos para muita gente, minha casa própria, meu carro do ano. Mas não era feliz... Nem eu sabia o porquê... Eu vivia infeliz, sozinha, triste.

Nessa época, meu pai ficou muito doente em São Paulo, minha mãe me ligou dizendo que já estava na hora de eu voltar para casa se quisesse desfrutar de um tempo com meu pai vivo.

Foi uma decisão difícil, mas, por mais uma "coincidência do destino", na mesma época o gerente jurídico da filial de São Paulo pediu demissão e eis que me vi voltando para casa na semana seguinte em que tomei conhecimento da doença de meu pai e assumi uma nova posição na carreira.

Pude conviver com papai apenas dois meses. O câncer venceu a batalha.

Estava de volta a São Paulo, onde já não tinha mais amigos, papai se fora, minha mãe em esgotamento com a partida de seu companheiro e com a doença de minha avó que estava com Alzheimer. No trabalho, encarava uma equipe nova, a empresa passava por um processo de fusão, eu precisava preparar mil relatórios e, é claro, eu não dormia...

Uma colega que fazia aulas de ioga comigo me convidou para passar um fim de semana em sua casa de praia. Adorei a ideia e aceitei o convite. Era uma oportunidade de relaxar um pouco.

Aquele fim de semana foi um grande ponto de mutação em minha vida. Comecei a enxergar que a vida pode, sim, ser vivida fora dos padrões.

Eu, que até então tinha emoldurado minha vida em padrões, fui exposta de forma contagiosa a uma situação totalmente fora da Matrix! Sim, Matrix, se você não assistiu ao filme, recomendo que assista!

Ela me passou o endereço e lá fui eu para o litoral norte de São Paulo. Camburi, mais especificamente.

Primeiramente que no meu conceito só tinha casa de praia quem comprasse uma, e, na verdade, ela havia alugado com mais cinco amigos um chalezinho... Então, se havia alugado, a casa era dela pelo prazo do contrato, não é mesmo?

Achei a ideia ótima. Por um precinho absurdamente pequeno ela tinha uma casa na praia para ir toda vez que desejasse!

Eram cinco chalés no mesmo jardim. O dono dos chalés era o *Bacana* (nunca soube o seu nome de verdade, só seu apelido).

E o *Bacana* veio nos visitar. Conversa vai, conversa vem, eu acabei por fazer a pergunta que todo mundo faz quando conhece alguém. Perguntei: o que você faz, *Bacana*? Ele respondeu: EU ALUGO!

Claro que aquela resposta, para alguém que pensava com a mente tão limitada quanto eu, soou como um absurdo. Insisti e perguntei: mas o que mais você faz? A resposta foi a melhor resposta que já ouvi e que certamente ainda vou ouvir em toda a minha vida... Ele respondeu: EU SURFO, GATA!

Como assim? Como alguém poderia se atrever a ser assim tão feliz? Tinha algo errado ali... Só podia ter... Como alguém aluga e surfa? Como alguém pode viver uma vida assim?

Isso me incomodou, me incomodou de verdade alguém conseguir ser assim tão de bem com a vida. Bateu um recalque daqueles!

E eu tinha de voltar para minha vida na segunda-feira, não era justo. Definitivamente, não era justo!

A Guinada

Temos de nos tornar a mudança que queremos ver no mundo.
Mahatma Gandhi

A segunda-feira chegou, como todas sempre insistem em chegar. Voltei para o terrível processo de fusão e para meus relatórios intermináveis...

Os meses passaram. A fusão aconteceu e meu mundo caiu. Todos os meus pares foram demitidos e esqueceram de mim. Perdi meu cargo, minha equipe e também minha dignidade. Fiquei ali sem função. Foram meses indo para o trabalho sem ter o que fazer. Uma espécie de assédio moral para que eu pedisse demissão.

Como eu disse, eu havia alcançado o sucesso em minha carreira. Poderia me considerar uma pessoa bem-sucedida, mas de repente tudo havia desabado.

Eu, que sempre fui uma profissional extremamente dedicada, responsável, estava ali só cumprindo horário. Sentia-me péssima, ainda esperava algum tipo de reconhecimento dos novos chefes, mas nada...

Para ver o tempo passar, ficava horas na internet lendo sobre as mais diversas coisas. Sempre gostei de viajar e passei a acompanhar o caderno de turismo da *Folha de S. Paulo*.

Li uma reportagem muito apaixonante sobre Picinguaba, um vilarejo de pescadores de Ubatuba, que mexeu comigo. Queria conhecer aquele lugar...

A insatisfação foi tomando conta de mim até que se tornou insuportável ir para o trabalho e não fazer nada.

Lembrei do *Bacana*... É incrível como algumas pessoas aparecem em nossas vidas e são capazes de causar um verdadeiro ponto de mutação, para nos incentivar a agir. Nunca mais o vi, mas serei eternamente grata a ele pela ruptura de padrão que ele me apresentou.

Tomei coragem e pedi para entrar no plano de demissão incentivada. Se eu não tivesse adotado aquela atitude de mudar naquele momento, acho que estaria vivendo aquela vidinha inconformada até hoje, motivada apenas e tão somente pelo salário (eu havia perdido o cargo, mas legalmente meu salário não podia ser reduzido, e era um ótimo salário).

Saí da empresa com minha indenização, meu apartamento, meu carro e cheia de esperança para conquistar o mundo. Eu queria descansar, "realizar meu sonho de morar na praia, ter um cachorro, escrever um livro", afinal eu era uma mulher livre, independente e com dinheiro no bolso.

Decidi que iria viver um período sabático, só precisava decidir onde. Escolhi começar por Ubatuba, peguei meu carro e pus na estrada. Iria finalmente conhecer Picinguaba! Hospedei-me em uma pousada que tinha várias cachoeiras em sua propriedade. O guia da pousada me convidou para no dia seguinte fazer um passeio para a Ilha Anchieta. Ele iria conduzir a trilha para um jornalista. Fiquei interessada e, no dia seguinte, fui para o passeio.

Adivinhem só, "por coincidência" o jornalista era justamente aquele que tinha escrito a reportagem de Picinguaba que me inspirou a colocar Ubatuba no meu roteiro. Passei o dia com ele! Aquilo era simplesmente surreal!

Claro que ele se emocionou ao saber que foi a reportagem dele que me levou até aquele destino e eu fiquei extasiada com a "coincidência".

Não sei se você acredita em sinais, mas eu sempre busquei por eles ao longo de minha vida. Aquilo era um sinal muito nítido para mim. Era chegada a hora de dar uma guinada em minha vida.

Naquela mesma semana, aluguei uma casa para morar. Contratei um caminhão de mudanças. Levei tudo para Ubatuba e me dispus a viver em um local novo uma vida diferente.

Muitos amigos me chamaram de louca e irresponsável. Outros me apoiaram e curtiram a ideia. Lá fui eu. Dei um passo para o desconhecido.

Mudanças de Padrões

Toda reforma interior e toda mudança para melhor dependem exclusivamente da aplicação de nosso próprio esforço.
Immanuel Kant

A mudança é a lei da vida. Aqueles que olham apenas para o passado ou para o presente serão esquecidos no futuro.
John F. Kennedy

Uma mudança deixa sempre patamares para uma nova mudança.
Maquiavel

Nada existe de permanente a não ser a mudança.
Heráclito

Lá estava eu, "realizando meu sonho de morar na praia", sem trabalho, sem rotina, completamente fora dos padrões... Ah, como eu pensava que seria fácil...

Aluguei uma casa ao lado da cachoeira. Embora o bairro fosse bem simples, a casa era muito gostosa, toda avarandada. Tinha um jardim bonito, um belo gramado, várias árvores frutíferas, muitos pássaros e tinha vista para a montanha com toda a Mata Atlântica preservada. No quintal havia uma ducha gostosa com água geladíssima que vinha direto da cachoeira.

Aquilo parecia a visão do paraíso para mim.

O caminhão de mudança chegou. Acomodei meus móveis, minhas coisinhas todas. Pendurei quadros, cortinas... Mesmo sem ter feito nenhum planejamento, eu estava radiante e animada com tudo o que viria pela frente.

Não me assustava o fato de morar sozinha, porque em Brasília passei muitos anos vivendo assim. Então, a primeira noite chegou e, cansada da arrumação, resolvi descansar. Apaguei as luzes e fui me deitar. Os barulhos eram aterrorizadores. Grilos, sapos de todos os tipos, morcegos, corujas, mas o pior de todos eles era sem dúvida o barulho do telhado. Parecia que havia uma pessoa andando no forro da casa. Fiquei apavorada, sem me mexer. Não dormi.

Enfim nasceu um novo dia e, como os barulhos haviam cessado, tomei coragem e levantei.

Fui ao banheiro e o primeiro susto do dia, um sapo enorme na pia. Como lidar com aquilo? Gritar resolveria? Não, definitivamente não. Eu teria de dar um jeito, afinal eu tinha alugado a casa por um ano inteiro...

Vassoura, essa foi a solução que encontrei! E entre vassouradas e gritos com cada pulo que o sapo dava, resolvi a situação.

Em seguida, fui procurar saber que barulho era aquele, se alguém tinha tentado entrar na casa. Conversei com minha vizinha e ela me disse que eram gambás andando no forro.

Ah, então eu teria de lidar com isso também?

Nova vida, novos desafios!

De fato, o ser humano se adapta a tudo. Tudo que aparentemente é um desafio, depois de um tempo passa a ser completamente natural, vira hábito. Isso acontece com absolutamente tudo: desde uma mudança de emprego, mudança de cidade, de estado civil...

Em pouquíssimo tempo, eu estava adaptada. Colhendo acerolas no quintal, fazendo meus sucos orgânicos. Indo à praia e encerrando o dia com um banho de cachoeira. A vida que eu achava que sempre havia desejado...

E pasmem: voltei a dormir após quinze anos de insônia e sem remédios!

Isso durou: duas semanas...

Mudar padrões definitivamente não é um processo simples...

Uma coisa é sair de férias para lugares diferentes e desfrutar de cada momento sabendo que você tem para onde voltar. Outra coisa é saber que sua vida está de férias.

Eu era uma mulher independente, que havia ganhado meu dinheiro honestamente com trabalho suado durante muitos anos de minha vida. Comecei a trabalhar com 15 anos e desde então trabalhava de dia e estudava de noite. A política em casa era linha dura. "Quer as coisas, vá trabalhar para comprar." Aprendi desde cedo que "dinheiro não nasce em árvore", que "quem cedo madruga, Deus ajuda", que "homem é honesto é homem trabalhador"...

Como disse anteriormente, meus padrões eram o de trabalho com carteira assinada, faculdade, casa própria, casamento até que a morte nos separe, filhos...

Eu estava em total desalinhamento com meus padrões! Ao mesmo tempo que me sentia livre, eu me sentia na contramão do mundo. Comecei a viver um conflito interno em pleno período sabático.

É claro que faz parte da natureza humana refletir sobre seus atos. Todo ser humano tem um diálogo interno, é como se em nossa cabeça morasse um anjinho e um diabinho que vivem divergindo...

Mas naquele momento eu não tinha diálogo interno... Parecia que uma comunidade inteira de anjinhos e diabinhos fazia morada em minha cabeça e conversavam todos ao mesmo tempo... Uma verdadeira loucura.

Era terça-feira, um lindo dia de sol, peguei minha cadeira de praia, uma bolsa térmica com algumas cervejas, alguns salgadinhos e lá estava eu em uma das praias mais bonitas do Brasil.

Abri a primeira cerveja e, antes mesmo de dar um gole, veio o primeiro pensamento:

– Você só pode estar louca...

Então o segundo pensamento:

– O que você está fazendo de sua vida?

Seguido do terceiro pensamento:

– Você deve estar querendo acabar com sua vida, não é mesmo?

Daí a comunidade de seres falando ao mesmo tempo se tornou insuportável... Minha cabeça parecia um almoço de família italiana, onde todos falam em voz alta ao mesmo tempo:

– Você deveria estar procurando emprego...

– Está achando que é rica, é?

– Seu dinheiro vai acabar se você continuar dando uma de dondoca...

– Oh, sua doida, até onde vai isso?

– Oh, menina, a vida não é um conto de fadas não...

– Você tem de atualizar seu currículo!

– Contate uns amigos, diga que está desempregada...

A cerveja desceu quadrada.

Eu estava ali em pleno período sabático, dona de meu nariz, sem dever nada para absolutamente ninguém, livre, sem filhos, mas com PADRÕES EM TAMANHO FAMÍLIA PARA ME ATORMENTAR. UMA CENTENA DE CRENÇAS LIMITANTES E SABOTADORAS!

Eu tentava acalmar aquela comunidade em polvorosa com pensamentos do tipo: você merece estar aqui, trabalhou a vida inteira, ganhou seu dinheiro honestamente, mas que nada...

Virou uma batalha campal, um cabo de guerra onde os pensamentos que se encaixavam em meus padrões de uma vida inteira ganhavam disparado na frente.

Todas as vezes que estamos fazendo algo que julgamos que é errado, sentimos CULPA.

Comecei a me sentir culpada e, como em qualquer julgamento, todo culpado deve ser punido!

Não queria me sentir culpada...

Tratei de arrumar um emprego. Não era exatamente um emprego nos moldes em que eu estava acostumada, mas era um emprego.

Ubatuba é uma cidade que sempre recebe turistas de outros países e lá quase ninguém fala inglês. Foi uma oportunidade que encontrei de pelo menos reduzir minha culpa a um nível sustentável...

Foi uma sensação engraçada, passei de executiva bem remunerada a guia de turismo da região. Ganhava por dia com direito a almoço. Aquilo me fazia rir de mim mesma.

A comunidade interna se acalmou, mas o diálogo entre o anjinho e o diabinho, ah, esse continuava ativo e bem vivo...

Eu havia mudado para Ubatuba para me redescobrir, para me conhecer melhor, para entender a razão de minha existência, para refletir sobre a vida.

Mas, como eu disse, mudar padrões não é uma coisa fácil. Em pouco tempo, lá estava eu encarcerada em uma nova rotina de trabalho, com obrigações de horário e tudo o que fosse necessário para atender às necessidades dos turistas, e minha mudança de cidade deixou de fazer sentido. Eu havia desviado a finalidade...

Algo passou a me sufocar. Eu só havia mudado o rótulo de advogada para guia de turismo, mas continuava me sentindo sufocada.

A insônia reapareceu...

Segui o verão trabalhando.

Enfim, com a chegada do inverno não havia mais trabalho e pude descansar um pouco.

Meu sonho era ter um cachorro, mas como sempre morei sozinha e trabalhava muito, achava que não seria justo com o bichinho.

Enfim, havia chegado a hora de começar a realizar meus desejos. E o Swell entrou em minha vida. O Swell é um shitzu peludinho superparceiro e feliz.

Também me permiti namorar. Finalmente estava entrando no clima do período sabático. Íamos à praia juntos todos os dias. Eu, meu namorado e o Swell. Estava feliz, mas ainda não estava em paz.

Acabei morando lá por dois anos. "Realizei o sonho de morar na praia e ter um cachorro", aprendi a "fazer esculturas" em argila, virei artista plástica (esse foi outro "sonho realizado") e aos poucos a culpa foi dando um tempo. Os julgamentos internos foram aos poucos sendo substituídos por perguntas:

– O que realmente você quer da vida?
– No que você quer trabalhar?
– O que a faz feliz?
– Qual é a finalidade da vida, afinal de contas?
– O que é a felicidade?

As respostas não vieram tão rapidamente...

Muitas eu ainda continuo descobrindo até hoje, e acho que esse será um processo para toda a vida.

O tempo foi passando, mas eu não sentia que pertencia àquele lugar.

Era uma comunidade onde todos se conheciam. E mesmo passados dois anos, meus vizinhos ainda me olhavam como uma estranha. E certamente eu era.

Eu sentava na varanda de casa com meu computador ligado ou ficava ali fazendo esculturas e os vizinhos sempre me olhavam por cima do muro. Eu acredito que na cabeça deles rolavam mil perguntas:

– Quem é essa mulher?

– Por que uma advogada largaria tudo para mudar para esse fim de mundo e virar guia de turismo e mexer com barro?

– Até quando será que ela vai ficar?

Fui me cansando daquilo tudo. Ainda não havia me encontrado, mas decidi que já estava na hora de voltar para a "civilização".

Rompi meu namoro e trouxe de Ubatuba meu cachorro e as lembranças de um período de muito aprendizado, desapego, desafios superados e histórias para contar.

Voltei para São Paulo, arrumei um emprego, foi uma tentativa de me readaptar ao mercado, mas não deu certo...

A transformação já havia plantado sua sementinha dentro de mim. Eu não era mais a mesma mulher de antes. Mas ainda não sabia quem eu era.

De certa forma, "os padrões insistiam em permanecer ali ativos". Mas eu havia permitido que novos padrões também fizessem parte de minha vida.

Foi um longo período que se seguiu pela frente, de "conflitos entre quem eu costumava ser e quem eu queria me tornar".

Sobre a Importância de Observar os Pensamentos e Ouvir Sua Bússola Interior

Toda mudança positiva – todo salto para um nível maior de energia e consciência – envolve um ritual de passagem. A cada subida para um degrau mais alto na escada da evolução pessoal, devemos atravessar um período de desconforto, de iniciação. Eu nunca conheci uma exceção.
Dan Millman

Quando os ventos de mudança sopram, umas pessoas levantam barreiras, outras constroem moinhos de vento.
Érico Veríssimo

Com a venda de meu apartamento em Brasília, consegui viver dois anos em Ubatuba e ainda havia me sobrado um bom dinheiro. Afinal, lá eu levava uma vida simples, sem grandes gastos, e ainda ganhei algum dinheiro como guia de turismo.

Agora, de volta a São Paulo, estava sem trabalho e queria investir meu dinheiro em alguma empresa que não me escravizasse em uma rotina de trabalho com horários engessados.

Eu gostava da possibilidade de trabalhar em horários e dias livres. Já havia lido muita coisa sobre empreendedorismo e achava que esse era o caminho.

Também estava havia mais de um ano sozinha. As pessoas me falavam: "Como pode uma moça tão bonita sem namorado?". Foi quando conheci alguém que me apresentou o céu e o inferno como jamais imaginei que pudesse conhecer.

Eu havia feito uma lista de tudo que eu desejava em um homem e ele preenchia todas as características, à exceção de uma...

Ele era bem-humorado, carismático, divertido, carinhoso, alto-astral, tocava violão, cantava muito bem, encantava as pessoas, mas faltava um item importante... Naquele momento bateu um sininho em minha cabeça: "ele tem tudo o que desejo em um homem, só não é equilibrado financeiramente", mas afinal "o dinheiro não é assim tão importante, o que importa mesmo é o amor", e a outra voz falava: "não entra nessa, ele não tem tudo não, preste atenção, ele não é equilibrado financeiramente e vai acabar te quebrando"...

Adivinhem para qual das vozes eu dei atenção?

Em pouco tempo estávamos morando juntos e logo de cara os sinais eram claros, ele nunca contribuía financeiramente, mas eu relevava, porque afinal o "amor era mais importante".

Ele acabou me convencendo de abrir uma sorveteria, porque ele trabalhava com sorvetes há vinte anos e sabia tudo do mercado.

O resultado era previsível: coloquei todo o meu dinheiro nessa história e perdi tudo, fiz empréstimos para tentar manter as portas abertas e fui me afundando cada vez mais em um poço que parecia não ter fim.

O relacionamento terminou sem amor e eu sem dinheiro.

Eu tentava achar a luz no fundo do túnel, mas era incapaz. Estava sozinha e completamente sem dinheiro. Havia perdido tudo o que eu havia conquistado durante toda a minha vida.

Sofri com minha escolha, mas hoje entendo que foi exatamente ela que me trouxe até este momento, em que finalmente realizei o sonho de escrever um livro.

Esse "fracasso" me fez estudar sobre o comportamento humano, a razão de agirmos como agimos e, consequentemente, me ajudou a entender as escolhas que tomei em toda a minha vida.

Descobri que não importava se eu morava na praia ou na cidade, meus padrões seguiam comigo como uma sombra, uma prisão.

Era preciso que eu fizesse uma mudança em meu modelo mental.

O saldo de tudo isso: muito aprendizado!

Meu Segundo Ponto de Mutação

Nunca ande pelo caminho traçado, pois ele conduz somente até onde os outros já foram. Se andarmos apenas por caminhos já traçados, chegaremos apenas aonde os outros chegaram.
Alexander Graham Bell

A sorveteria me rendeu uma das melhores amizades de minha vida e isso é um saldo muito positivo...

No dia que estava encerrando o contrato de aluguel do ponto da sorveteria, sentei pela primeira vez, após meses para conversar com o locador, hoje meu amigo João de Deus. Ele é empresário e surpreendentemente descobri que também era terapeuta. Disse-me que era uma pena não ter dado certo, porque o ponto era muito bom. Perguntou-me se eu gostaria de entender por que meu negócio não foi bem-sucedido e disse que poderia me ajudar a encontrar a resposta.

Eu disse que sim. Marcamos uma sessão e ele me apresentou um processo de terapia inovador. Conduziu-me a um estado de relaxamento e expansão da consciência e começou a me perguntar: Quem cria tudo o que você vive? Quem cria as experiências que você vive, sejam experiências de saúde ou de doença, seja algo emocional ou físico, escassez ou prosperidade, alegria ou sofrimento, quem cria? Quem é que gera o que você vive?

Voltei ao meu passado e, como em um passe de mágica, pude perceber todas as conexões de tudo o que eu havia experienciado durante toda a minha vida. A resposta era clara:

– EU CRIO!

Encontrada a resposta, a questão agora era entender:

– Como eu crio minha realidade?

Dediquei-me a estudar essa questão e me tornei uma pesquisadora do assunto. Foi assim que a Física Quântica, o *coaching*, a programação neurolinguística e os processos de hipnoterapia e expansão da consciência surgiram em minha vida. Muito embora hoje eu saiba que venho criando isso há muitos anos...

Todo o meu histórico de "sucessos e fracassos" me ajudou a edificar minha nova profissão.

Hoje sei exatamente tudo o que você pode fazer para dar "errado". Também sei tudo o que você pode fazer para dar "certo".

Então, você vai me perguntar: mas não foi maravilhoso morar na praia e viver essa aventura de abandonar uma carreira estável para tentar algo novo sem nenhuma garantia?

E eu vou lhe dizer sim, foi uma delícia, mas ninguém precisa necessariamente de férias de dois anos para mudar a própria vida, nem de perder todo o dinheiro...

Eu brinco com meus clientes: se você quiser encurtar o caminho, use minha história como inspiração.

Afinal é muito mais fácil aprender com os erros dos outros do que com os próprios erros, não é mesmo?

Passos para a Mudança

1 – Decisão

> *Quase sempre a maior ou menor felicidade depende do grau de decisão de ser feliz.*
> **Abraham Lincoln**

> *Inventor é um homem que olha para o mundo em torno de si e não fica satisfeito com as coisas como elas são. Ele quer melhorar tudo o que vê e aperfeiçoar o mundo. É perseguido por uma ideia, possuído pelo espírito da invenção e não descansa enquanto não materializa seus projetos.*
> **Alexander Graham Bell**

> *A vida é fruto da decisão de cada momento. Talvez seja por isso a ideia de plantio seja tão reveladora sobre a arte de viver. Viver é plantar. É atitude de constante semeadura, de deixar cair na terra de nossa existência as mais diversas formas de sementes...*
> **Padre Fábio de Melo**

> *Todos os dias, Deus nos dá um momento em que é possível mudar tudo que nos deixa infelizes. O instante mágico é o momento em que um "sim" ou um "não" pode mudar toda a nossa existência.*
> **Paulo Coelho**

> *Nada é mais difícil e, portanto, tão precioso do que ser capaz de decidir.*
> **Napoleão Bonaparte**

Como diria Anthony Robbins: é exatamente nos momentos de decisão que nosso destino é traçado.

Se há um aspecto de sua vida que você deseja mudar, o primeiro passo para que a mudança aconteça é tomar uma **DECISÃO!**

É preciso analisar o fato, avaliar qual é a decisão que deve ser tomada, o que deve ser feito, tomar uma atitude muito bem pensada, da qual não possa haver arrependimentos, e que vai influenciar diretamente em sua vida futura.

Freud afirmava que devemos ser governados pelas necessidades mais íntimas de nossa natureza para tomar as decisões importantes de nossa vida pessoal.

A grandeza do homem está em sua capacidade de tomar decisões, em seu poder de escolha.

A partir do momento em que você decidir pela mudança, já terá traçado um bom caminho para que tudo comece a dar certo!

Os textos judaicos dizem que, quando tomamos uma decisão e realmente desejamos que aconteça, nossos próprios pés nos conduzem para a realização de nosso desejo.

Então, decida agora por uma real transformação em sua vida!

Passos para a Mudança

2 – Autoconhecimento

Quanto mais eu me conheço, mais eu me curo e me potencializo.
José Roberto Marques

*Quanto mais eu me conheço, mais eu me amo e me aprovo
e mais conheço, amo e aprovo as outras pessoas.*
Andréia Frotta

Se quer mudar o mundo, comece por você.
Mahatma Gandhi

O segundo passo para a mudança é o **AUTOCONHECIMENTO**.

A pergunta que você deve fazer para você mesmo é: "O que eu verdadeiramente quero que aconteça em minha vida que não está acontecendo?".

Pode parecer uma pergunta simples, mas não é.

Para responder a essa pergunta, é necessário que você seja um profundo conhecedor de você mesmo.

Autoconhecimento é descobrir quem realmente somos. É um processo de mergulho no *self*.[2] Para essa viagem interna, é necessário ter a coragem de identificar e remover as máscaras que usamos para chegar até onde chegamos.

Qual é nossa natureza? Quais são nossas qualidades e defeitos? Quais são nossos verdadeiros dons? Qual nosso propósito de vida? Por que estamos vivos, afinal?

---

2. *Self* – em si mesmo.

Quando respondemos a essas perguntas conseguimos perceber o quanto nos distanciamos ou nos aproximamos de quem somos realmente.

O poder que o autoconhecimento nos dá é justamente o de nos conectar com nossa história, faz com que tenhamos pensamentos alinhados com nossos sentimentos. Faz com que usemos nossa inteligência a nosso favor.

Passamos uma vida inteira inconscientes de nossos pensamentos. Atraindo para nossas vidas exatamente o contrário daquilo que desejamos simplesmente pelo fato de desconhecermos que uma simples mudança de nosso modo de pensar pode mudar nossas vidas.

Mágoas, ressentimentos, dores passadas, relacionamentos difíceis acabam fazendo com que criemos máscaras para nos escondermos, então o grande problema é quando passamos a governar sua vida com base nas máscaras que criamos.

Vivemos em um mundo que insiste em nos padronizar, nos modelar, e quando nos damos conta, estamos infelizes, pois passamos a priorizar o que os outros esperam de nós e nos esquecemos de escutar nossos corações.

Levantamos de manhã, colocamos nossas máscaras e vamos para nossa rotina tentando nos adequar a um modelo preestabelecido e fazer parte da maioria. Daí, vemos casamentos que vivem de aparências, empregos que só valem pelo salário...

E assim vamos vida afora colocando nossas máscaras, não nos dando a oportunidade de tomar consciência dos próprios sentimentos.

Vemos pessoas que usam a máscara da autossuficiência, da que se faz pai ou mãe de todos, da pessoa colaboradora, da religiosa, da solitária, da sonhadora, da mulher-maravilha tentando ser excelente em tudo o que faz.

Você percebe o quanto são infinitas nossas máscaras? A cada uma que usamos assumimos comportamentos inerentes a ela, mas nem sempre representam nosso verdadeiro desejo.

Quando nos acomodamos às nossas máscaras, deixamos de nos conhecer, atuamos como personagens em tempo integral e corremos o risco de viver uma vida inteira sem jamais descobrirmos nossos valores e competências.

Quando nos perguntamos quais são nossos verdadeiros desejos, precisamos parar para pensar e até lançar mão de algum esforço mental para identificá-los.

Dentre tantos desafios que temos na vida, talvez seja este o maior de todos, o de tirarmos nossas máscaras e sermos nós mesmos.

Autoconhecimento é descobrir quem realmente somos. É um processo de mergulho no *self*. Para essa viagem interna é necessário ter a coragem de identificar as máscaras que usamos.

Meditar sobre nossa essência, nosso eu verdadeiro, nossas atitudes, perceber o quanto nos distanciamos de quem somos realmente.

Qual sua natureza, suas qualidades, seus dons, seus desafios, seu propósito de vida?

Encare esse momento como uma oportunidade de exercitar esse poder de escolha entre manter as máscaras ou abrir seu coração e seguir seus valores e princípios.

É preciso que você faça o exercício de descobrir quem é você e tudo que você deseja.

Você certamente já deve ter ouvido este dito: "Não adianta ventos favoráveis para quem não sabe aonde ir, para quem sabe basta um sopro". É preciso saber por onde desejamos seguir.

Muitas pessoas passam uma vida e não se reconhecem. Permita-se se conhecer, saber quais são seus sonhos. É a possibilidade de realizarmos nossos desejos que torna nossa vida interessante!

Passos para a Mudança

3 – Acreditar

*Se você acha que pode ou que não pode fazer alguma coisa,
você tem sempre razão.*
Henry Ford

*Tudo o que um sonho precisa para ser realizado é alguém
que acredite que ele possa ser realizado.*
Roberto Shinyashiki

Imagine uma nova história para sua vida e acredite nela.
Paulo Coelho

Todo sonho é possível de ser realizado. Vivemos em um mundo de possibilidades infinitas! Acredite nisso! Esse é o terceiro passo do processo de mudança: **ACREDITAR!**

Ninguém pula do avião se não acreditar no paraquedas, não é mesmo?

Então, faça de conta que você é um paraquedista e tenha coragem de "saltar" em direção aos seus sonhos.

Acredite que eles podem dar certo, acredite nas inúmeras possibilidades de realizá-los.

Os estudiosos da Física Quântica afirmam que não precisamos nos preocupar com a forma, não precisamos nos preocupar como nossos desejos vão se materializar. Só temos de nos ocupar em sonhar. O "como" o Universo se encarrega de providenciar.

A Lei da Sincronicidade ou da Atração afirma que nossos pensamentos ditam nossa realidade e que, se você realmente quer alguma coisa, se acreditar que é possível, e se você colocar todo o seu sentimento nisso, você conseguirá que essa coisa se torne realidade desde que seus pensamentos estejam focados apenas nas coisas que você deseja.

Então, acredite em seus sonhos. Essa parte é responsabilidade sua de realizar!

Passos para a Mudança

4 – Desejar

Sonhar é acordar-se para dentro.
Uma vida não basta ser vivida. Ela precisa ser sonhada.
Mario Quintana

Todos nós temos nossas máquinas do tempo. Algumas nos levam para trás, são chamadas de memórias. Outras nos levam para a frente, são chamadas sonhos.
Jeremy Irons

Um ser humano comum pode sonhar com um apartamentozinho, um outro sonha com uma casa na praia, mas somente um rei pode sonhar Versalhes.
DREAMER – Escola dos Deuses

Nunca é tarde demais ou cedo demais para ser quem você quer ser. Não há limite de tempo.
Tomie Ohtake

Se você não for atrás do que quer, nunca vai ter;
Se você não tentar, a resposta sempre será o não;
Se não der um passo à frente, nunca sairá do lugar.
Ditado popular

Para que as coisas se manifestem em nossa vidas, primeiro precisamos saber exatamente o que queremos. Precisamos saber com clareza aquilo que desejamos.

Quais são seus sonhos? O que você deseja profundamente que aconteça em sua vida? Em seu trabalho? Em seus relacionamentos? Pense além das crenças! Pense fora da caixa.

Quando faço essas perguntas durante meus atendimentos, a maioria absoluta das pessoas me responde: eu não quero mais meu trabalho, eu não quero mais sofrer, eu não quero mais viver a vida como eu estou vivendo, e um monte de "não quero mais!".

A maioria absoluta das pessoas sabe dizer o que não quer mais, mas não sabe dizer o que realmente deseja! E eu, durante muito tempo, também me encaixei nessa maioria...

Costumo dizer que, se você sabe o que não quer, já é um grande passo para sua mudança, mas é preciso mudar essa frequência; é preciso começar a criar novas conexões neurais em alinhamento com aquilo que você realmente deseja.

Para que as coisas se manifestem em sua vida, primeiro você precisa saber o que quer.

Você precisa saber com clareza aquilo que deseja.

É nossa intenção que cria o resultado.

Quando nos conhecemos a fundo, verdadeiramente, sabemos o que realmente sonhamos para as nossas vidas, sabemos o desejo da nossa alma.

O desejo funciona como uma mola propulsora, o desejo nos abastece de energia. Encontramos nele a motivação para seguir em frente e realizar nossos sonhos.

As pessoas não se permitem sonhar porque acham que o sonho é impossível de realizar e, então, se conformam com uma vidinha mais ou menos, com um trabalho mais ou menos, com um relacionamento mais ou menos...

A ideia da escassez é que nos limita. Quando acreditamos na descrição do mundo que nos cerca como sendo verdade, verdade será.

Uma dica que eu costumo dar é: não coloque limites em seus sonhos!

Tem gente que começa a sonhar e logo se vê pensando: Não posso sonhar isso porque será impossível de realizar meu sonho... Não posso sonhar isso porque não tenho dinheiro, não tenho faculdade, não falo inglês... E coloca um monte de empecilhos no caminho dos sonhos. Não pense nos obstáculos. Permita-se sonhar sem limites.

Para sonhar é preciso se livrar das amarras das crenças e dos limites impostos pela sociedade durante toda a sua vida, livrar-se dos antigos padrões preestabelecidos.

Existe uma lenda de que um aprendiz perguntou a seu mestre como ele poderia saber se desejava alguma coisa verdadeiramente. Seu mestre o conduziu até a beira de um rio e mergulhou a cabeça do aprendiz na água por alguns instantes, sem que ele pudesse emergir. O rapaz começou a lutar para poder respirar. O mestre então o soltou e disse: "Saberás que deseja realmente algo quando lutar para conseguir realizar esse desejo da mesma forma que lutou para conseguir respirar".

Tenha coragem de fazer uma revolução em sua vida é vá atrás de seus sonhos.

É muito triste viver uma vida sem propósito, achando que você nunca vai realizar seu sonho.

Nem todo mundo vai entender seu caminho, mas tudo bem, porque não é deles, é seu!

Nunca é tarde demais ou cedo demais para ser quem você deseja ser. Todos os seus sonhos podem se tornar realidade se você tiver a coragem de persegui-los!

Hoje tenho certeza absoluta de que não existem coincidências. O convite para passar férias em Brasília, feito por minha tia, e todos os fatores que levaram à minha mudança para aquela cidade foram uma resposta do Universo ao meu desejo de exercer a carreira de advogada. Assim como todas as outras coisas que aconteceram em minha vida se deram em virtude da sincronicidade.

Não faz sentido olhar para trás e pensar: devia ter feito isso ou aquilo, devia ter estado lá. Isso não importa. Invente seu amanhã, e tenha do que se orgulhar no futuro.

Hoje é a ponte para o amanhã. Toda grande caminhada começa com um simples passo. Dê o primeiro passo, então.

Só existe uma pessoa que pode mudar sua vida: VOCÊ!

Comece hoje mesmo a colocar em prática tudo aquilo que você vive repetindo que seria incrível fazer!

É obvio que, enquanto você sonha, a rotina do dia a dia ainda vai fazer parte de sua vida, você ainda terá de trabalhar, pagar contas, ir ao mercado, pensar no que vai preparar para comer, cuidar dos filhos, e tantas outras coisas, mas você vai passar a ver o mundo de forma diferente, vai começar a pensar fora da caixa, vai começar a questionar por que as coisas são como são, o que pode ser feito diferente, como sair do piloto automático, como se conectar melhor com as pessoas, como se relacionar melhor, como fazer as coisas que lhe dão prazer, como se livrar da culpa que nos foi imposta há milênios, como desmistificar o pecado, como viver fora da Matrix mesmo...

Passos para a Mudança

5 – Descobrir Sua Missão de Vida

Sonhar é acordar-se para dentro.
Mario Quintana

O que é verdadeiramente imoral é ter desistido de si mesmo.
Clarice Lispector

Sua bússola interior é sua Intuição!
Sua tarefa é descobrir seu trabalho e, então, com todo o coração, dedicar-se a ele.
Buda

Missão de Vida é aquilo que precisamos fazer para nos sentirmos realizados e completos. É o propósito maior de nossa existência aqui neste planeta. É a fonte que nos inspira e motiva para fazer a diferença em cada dia. É o que nos traz felicidade.

Qual é seu objetivo de vida? Que força interna dentro de você o fez viver até hoje e o faz acreditar que ainda vale a pena viver?

Muitos pensam que sua missão pessoal precisa ser uma coisa grandiosa e de reconhecimento público, pois, se assim não o for, não é importante ou válida...

Entretanto, nossa missão pessoal não tem nada a ver com reconhecimento público. Nossa missão é, antes de qualquer coisa, o caminho para nossa felicidade! A missão de cada ser humano é apenas ser feliz, ser quem deseja ser!

Muitas pessoas vagam pela vida sem saber o que de fato estão fazendo aqui e, quando chegam ao fim de seus dias, percebem que sua vida foi vazia e sem sentido.

Já faz um tempo que descobri que minha missão de vida é ajudar as pessoas a se lembrarem do poder que têm e colocar esse poder em prática. Minha missão é ajudar as pessoas a realizarem seus sonhos! Por isso, decidi escrever este livro, por isso criei meus cursos.

Somos seres divinos, fomos feitos para brilhar! Não há nada de engrandecedor em vivermos de um modo pequeno. Nosso propósito maior é o de tornar manifesto nosso poder divino.

O mundo não precisa de mais gente que viva de modo pequeno, pensar e agir pequeno só leva a uma vida de sacrifícios e insatisfação.

A maioria vive dependente de um emprego mais ou menos, com um salário mais ou menos e uma vidinha também mais ou menos...

Por isso, é importante descobrir sua paixão. Se ainda não descobriu qual é, aquiete seu coração. Aprenda a colocar amor em seu processo. Colocando amor, a tendência é atrair cada vez mais amor, atrair cada vez mais coisas que gosta de fazer.

Está na hora de começar a compartilhar seus talentos em vez de escondê-los ou fingir que eles não existem. Pensar grande e agir grande nos permite viver uma vida com muito mais sentido.

Aprenda a não negociar suas convicções: Lembre-se de que todo empreendimento nasce de um sonho!

Imagine que sua vida é o novo negócio, é o empreendimento do qual vamos tratar.

As pessoas costumam dizer que é impossível realizar seus sonhos. Eu respondo que só é impossível com falta de planejamento.

Por isso, sugiro que você comece a ser o grande empresário de sua vida. Um bom empreendedor não fica parado reclamando das coisas e dos acontecimentos, ele age para modificar a realidade!

Então não se permita jamais ter uma vidinha mais ou menos, corra atrás de seus desejos e transforme seus sonhos em realidade!

Descubra sua missão de vida, seu propósito maior aqui neste planeta e vá em busca de concretizá-lo.

Viva segundo suas regras e não de acordo com as regras impostas, faça o que um bom empreendedor faz para ter sucesso em seu negócio.

Poucas pessoas seguem pela vida vivendo suas verdadeiras paixões. Vamos ajudar a aumentar esse número de pessoas mais felizes e realizadas na vida. Siga suas paixões!

Passos para a Mudança

6 – Recalque Zero

Quem desdenha quer comprar.
Ditado popular

Em certa idade, quer pela astúcia quer por amor-próprio, as coisas que mais desejamos são as que fingimos não desejar.
Marcel Proust

Depois de tanto investigar meus "porquês", cheguei a algumas conclusões em minha vida. Uma delas é que cabia perfeitamente para mim o ditado popular que diz que: "quem desdenha quer comprar".

Tudo aquilo que desdenhei em minha vida, o fiz porque bem lá no fundo eu desejava viver aquilo, mas que por alguma razão não tinha condições.

Hoje, entendo que foi um processo incrivelmente inteligente.

Ao completar 18 anos, eu já havia juntado dinheiro suficiente para comprar meu primeiro carro. E fiz isso com o dinheiro de meu trabalho. Lembro-me de que, por um ano inteirinho, fui e voltei a pé para o trabalho para economizar o dinheiro da condução e também levei marmita para economizar o dinheiro do lanche. Juntando isso, mais uma poupança mensal, férias e 13º salário, comprei meu primeiro carro.

Eu realmente achei por muitos anos que isso foi sensacional. Eu podia me orgulhar de ter comprado meu carro com o suor de meu trabalho sem nenhuma ajuda de meus pais.

Era um carro com dez anos de uso, mas era meu! Quanto orgulho!

Eu desdenhava todas as pessoas que tinham ganhado o primeiro carro de seus pais. Eu defendia com veemência a ideia de que todos tinham de conseguir seus bens com dinheiro suado... RECALQUE PURO!

No fundo, no fundo, eu queria mesmo era ter ganhado um carro zero bem bacana de meus pais, mas como sabia que isso não ia acontecer, trabalhei para ter o meu.

Não quero dizer que existe algo errado em se trabalhar para comprar aquilo que desejamos. Claro que não, é realmente louvável!

O que quero dizer é que não devemos fazer isso por recalque, e digo isso porque também não existe nada de errado em se ganhar o primeiro carro dos pais.

Seria ótimo se eu tivesse entendido isso naquela época, certamente teria me poupado uma série de aborrecimentos durante minha vida.

O recalque fez com que por muitos anos eu não vivesse aquilo que eu realmente desejava viver.

O recalque fez com que eu arruinasse durante muitos anos a possibilidade de viver feliz com uma pessoa ao meu lado; o recalque fez com que eu não vivesse a vida profissional de meus sonhos; o recalque fez com que por muitos anos eu não tivesse o carro que realmente desejava ter, a casa que eu desejava ter, as roupas que gostaria de ter, as viagens que gostaria de fazer...

Claro que por uma questão de sobrevivência desenvolvi alternativas para obter as coisas que eu realmente desejava. Mas tudo poderia ter sido muito mais simples se eu assumisse meus desejos em vez de desdenhá-los.

Muitas vezes eu não tinha na época as condições financeiras para realizar meus sonhos, então, em vez de manter os sonhos ativos, eu reprimia meus desejos e vivia "o que dava para viver"...

Mas o pior de tudo isso é que eu nunca estava satisfeita com nada e ainda era ingrata com o que eu possuía.

Para ser mais exata, o que eu sentia era uma tremenda dor de cotovelo das pessoas que possuíam aquilo que eu desejava e ainda desdenhava... Lembro-me de dizer:

– São apenas bens materiais... Ah, mas como eu desejava tê-los!

Hoje, entendo que não os tive porque não assumia meus desejos, minhas vontades. É claro que aquela era a postura de defesa. Eu achava que, desdenhando, iria sofrer menos por não ter aquilo que desejava. Certamente essa fórmula não funcionou.

Uma pessoa recalcada está sempre insatisfeita com sua vida. Então, se você por acaso está desdenhando algo, sugiro que faça uma autoanálise profunda. Não reprima seus desejos.

O recalque faz a gente fazer coisas que só o recalque é capaz de fazer...

A receita é não reprimir nossas aspirações nunca! Assumir o que desejamos e bancar nossas escolhas é que vai nos levar à realização de nossos sonhos.

Passos para a Mudança

7 – Comprometimento

Só se pode alcançar um grande êxito quando nos mantemos fiéis a nós mesmos.
Friedrich Nietzsche

O quanto você está determinado em mudar e viver uma vida nova?
Você realmente acredita que merece ser feliz e bem-sucedido?
O quanto você está comprometido com suas metas?
Você consegue ir em frente mesmo diante das adversidades? Como está seu grau de resiliência?

Comprometimento é o ato de se dedicar ao máximo para realizar aquilo que nos propomos a fazer.

Trata-se de nossa postura em relação à nossa meta, do quanto somos coerentes com nossas atitudes, comportamentos e palavras em relação ao que desejamos realizar.

O indivíduo comprometido se esforça para sempre honrar seus compromissos.

Quando nos conhecemos a fundo e entendemos nosso propósito pessoal, temos de nos comprometer com ele. É nosso propósito que vai nos guiar, ele será nossa bússola para direcionar nossa caminhada.

O comprometimento é um dos elementos fundamentais para o sucesso, é um fator determinante para alcançarmos o êxito.

E quando surgirem os obstáculos, mude sua direção para alcançar sua meta, mas não a decisão de chegar lá.

Passos para a Mudança

8 – Ser Feliz Hoje

É mais fácil obter o que se deseja com um sorriso do que à ponta da espada. A alegria evita mil males e prolonga a vida.
William Shakespeare

A felicidade não é um destino, é uma viagem. A felicidade não é amanhã, é agora. A felicidade não é uma dependência, é uma decisão. A felicidade é o que você é, não o que você tem. Ser feliz é a maior coragem. Todo mundo é capaz de ser infeliz; para ser feliz é preciso coragem, é um risco tremendo.
Osho

Estudos científicos sobre a felicidade concluíram que herdamos cerca de 50% de fatores genéticos de nossos pais. Ou seja: o maior ou o menor nível de felicidade está em nosso DNA! Nascemos com determinado nível de felicidade em que nos mantemos durante a maior parte do tempo e, mesmo quando nos acontecem coisas muito boas ou muito más, temos uma tendência a regressar ao nosso nível genético.

Outros 10% de nossa felicidade se devem a fatores epigenéticos, que são as circunstâncias de nossa vida: o meio ambiente que vivemos, a comunidade, o emprego ou o dinheiro que temos, nosso *status* social, nossa saúde, as influências que sofremos.

Os outros 40% de nossa felicidade têm a ver com nosso direito de escolha e são eles que podem alterar profundamente nossa estrutura. O ideal é que façamos uso desses 40% para atividades prazerosas, que nos deixem mais felizes.

Se você teve a sorte de nascer em uma família com uma genética propícia à felicidade, parabéns!!! Você já saiu na frente na escala da felicidade, mas, se você nasceu em uma família com tendência genética para a infelicidade, terá de se valer com toda a intensidade dos 40% de seu direito de escolha. Terá de escolher ser feliz de uma forma intencional.

Deveríamos passar a pensar na felicidade como uma habilidade a ser desenvolvida.

Pessoas mal-humoradas, impacientes, irritadas, rígidas e autoritárias vivem em um eterno processo de tensão e estresse. Já pessoas alegres vivem uma vida mais leve e os eventuais problemas são sempre tratados com muito mais facilidade.

As pessoas mais sorridentes e contentes se tornam mais atraentes e, consequentemente, atraem mais oportunidades e sucesso para as próprias vidas.

O riso nos afasta das doenças, aumenta nossa criatividade e a capacidade de resolver os problemas. O riso dá energia, vitalidade e contagia. Quando estamos felizes, somos mais capazes de enxergar novas oportunidades. Passamos a acreditar mais nas coisas boas da vida.

O riso é um grande estimulador das endorfinas que, como já vimos, são chamadas de hormônios da felicidade. Quanto mais gostosa a gargalhada, maior será a produção de endorfinas.

A vida existe para ser desfrutada. Nosso propósito de vida é a felicidade. Se você anda infeliz, está na contramão da vida.

Nós passamos por tantas coisas na vida que, de repente, nos tornamos pessoas sérias...

Se você anda se levando muito sério, saiba que seriedade não é sinônimo de responsabilidade e que você pode cumprir sua missão com muita alegria e bom humor.

Está na hora de começar a rir de você mesmo. Force-se a sorrir, a andar aprumado, elegante e com energia.

Faça as coisas com um significado, com prazer. Aprecie a vida.

Quanto mais feliz você for, mais felizes serão as pessoas que convivem com você. Você vai espalhar a felicidade.

O que faz você feliz?

Passos para a Mudança

9 – Relacionar-se Harmoniosamente

*Nascemos para amar e ser amados,
e nossa felicidade consiste em realizar essa missão.*
Roberto Shinyashiki

Quem deseja ver o arco-íris, precisa aprender a gostar da chuva.
Paulo Coelho

*Nossa felicidade será naturalmente proporcional
em relação à felicidade que fizermos para os outros.*
Allan Kardec

*É fácil amar os que estão longe, mas nem sempre
é fácil amar os que vivem ao nosso lado.*
Madre Teresa de Calcutá

*A natureza nos uniu em uma imensa família
e devemos viver nossas vidas unidos, ajudando uns aos outros.*
Sêneca

Estudos mostram que as pessoas se sentem cada vez mais solitárias. Estamos nos socializando cada vez menos, dedicando mais tempo ao trabalho. Estamos trocando a convivência pessoal pelas redes sociais. É claro que as redes sociais ajudam a compensar a ausência de contatos com as pessoas, mas o resultado das pesquisas revelou que, quanto maior o uso do Facebook, maior é a sensação de isolamento. Por isso não podemos subestimar a necessidade da interação ao vivo.

Uma pesquisa realizada pela Univerdade de Harvard acompanhou a vida de mais de 700 homens avaliando-os desde sua adolescência até a velhice, para descobrir o que realmente mantém as pessoas felizes e saudáveis.

O interessante dessa pesquisa é que 80% dos entrevistados disseram que quando jovens seu maior objetivo era ficar rico e 50% desses mesmos jovens disseram que outro grande objetivo de vida era serem famosos.

No decorrer desse estudo muitos ficaram ricos, outros tantos ficaram famosos, entretanto, o que se descobriu ao longo de 75 anos de pesquisa, é que os homens mais felizes eram aqueles que se relacionavam melhor com a família, amigos e com a comunidade.

Hoje, existem dezenas de pesquisas sobre a felicidade sendo realizadas pelo mundo e todas estão chegando à mesma conclusão: pessoas mais conectadas a outras são mais felizes.

A solidão não é medida pela quantidade de pessoas que conhecemos, mas pela qualidade das relações que vivemos. A solidão que adoece é justamente aquela caracterizada pela ausência de vínculos afetivos. As pessoas mais conectadas ao outro, que sabem que têm alguém com quem podem contar, são as mais felizes! Viver no meio de relações boas e reconfortantes nos protege.

Outro dado impressionante que as pesquisas concluíram é que dinheiro não traz felicidade. Uma pessoa vivendo em condições precárias pode ser tão feliz quanto alguém que mora na Dinamarca, que é constantemente classificado como o país mais feliz da face da Terra, conhecido por sua igualdade social e elevado nível de vida. O que vai definir o nível de felicidade é o contato com as pessoas, é saber que somos importantes para alguém, é nossa interação social. A alegria vem realmente da conexão com o próximo.

Somos criaturas sociais!

Volta e meia nos pegamos reclamando da postura e do comportamento de outras pessoas, de nossos pais, de nossos filhos, de nosso parceiro, de nossos amigos... Mas, bem lá no fundo, todos desejamos viver bem e em paz com as pessoas de nosso convívio e com a humanidade. Ninguém gosta de maltratar nem de ser maltratado.

Avalie: como você enxerga sua família? Como você enxerga seu parceiro ou sua parceira? Como você enxerga seus amigos? Seus colegas de trabalho?

Você costuma ressaltar apenas os pontos negativos e defeitos dessas pessoas, ou costuma colocar seu maior foco nas coisas positivas?

Se você acha que viver reclamando de seus relacionamentos vai fazer com que as pessoas com quem você se relaciona o tratem melhor, você está muito enganado.

Por essa razão, em vez de reclamarmos das pessoas precisamos aprender a mudar o foco de nossa percepção, precisamos começar a pensar naquilo que apreciamos nas pessoas, em seus pontos positivos.

Quanto mais valorizarmos e apreciarmos as pessoas, mais viveremos relacionamentos de qualidade e harmônicos.

Lembre-se sempre de que a Lei da Atração é implacável, se você passar o tempo todo reclamando de seus relacionamentos, você atrairá cada vez mais relacionamentos desarmônicos.

Antes de falar dos outros, avalie como as pessoas olham para você. Avalie seu comportamento.

Pense nisto:
Se você está aborrecido, está aborrecendo...
Se você está chateado, está chateando...
Se você está empolgado, está empolgando.
Inspire-se e provocará inspiração!
Entusiasme-se e provocará entusiasmo!

Passe a observar as coisas boas e pequenos detalhes que o fazem feliz na convivência com as pessoas. Esses aspectos serão ressaltados e a convivência com os outros será cada vez mais agradável.

Pratique o amor, a compreensão.

Invista em seus relacionamentos! Preste mais atenção no outro, conheça o outro, conecte-se com o outro, esteja presente na vida do outro e permita que o outro se conecte a você também.

Pense que, para se relacionar melhor, você pode tomar atitudes muito simples, como por exemplo trocar o tempo vendo TV ou deixando de navegar nas redes sociais para ficar com pessoas frente a frente. Olho no olho. Uma boa vida se constrói com boas relações.

Passos para a Mudança

10 – Harmonizar-se Com Seu Passado: Livrar-se de Toda a Raiva e Perdoar

A primeira regra para enfrentar o deserto é viajar com pouca carga.
Dreamer – Escola dos Deuses

Você só terá sucesso na vida quando perdoar os erros e as decepções do passado.
Clarice Lispector

Lamentar uma dor passada, no presente, é criar outra dor e sofrer novamente. Chorar sobre as desgraças passadas é a maneira mais segura de atrair outras.
William Shakespeare

Não importa o que fizeram com você. O que importa é o que você faz com aquilo que fizeram com você.
Jean Paul Sartre

Muitas pessoas me falam: "Você não entende minha dor!".
Você pode ter certeza que eu entendo sim!
Olhando para trás, percebo que de alguma forma eu criei muita dor em minha vida. Hoje, sei que, ainda que inconscientemente, escolhi viver essa dor para poder entender como as outras pessoas se sentem. Eu já tive uma depressão profunda durante a

qual a única coisa que pedia para Deus era morrer. Eu não queria mais nada, eu só queria morrer. Não queria ser feliz, não queria ter sucesso, não queria ter coisas, não queria nada; só queria morrer. Hoje entendo um processo depressivo porque já senti em minha pele.

Eu também entendo o que é ficar sem dinheiro, completamente sem dinheiro, falida e sozinha. Sei o que é estar no fundo do poço; entendo o sofrimento humano, entendo a dor da doença, entendo a dor da perda, entendo a dor da solidão.

Eu sei o quanto é profundo sentir dor. Acredite: eu sei o quanto dói!

Dá vontade de urrar, dá vontade de chutar tudo, de esmurrar as paredes, dá vontade de correr, correr, correr, correr e continuar correndo até que a última centelha de força se desfaleça, dá vontade de dormir até que tudo tenha virado passado, dá vontade de chorar até perder o ar e morrer. Mas quando nos entregamos à dor, ela fica cada vez mais profunda... Quanto mais ficamos na dor, mais dor sentimos!

E além da dor também sei o que é sentir raiva. Eu costumava ser uma pessoa furiosa, tudo me tirava de meu eixo, era um barril de pólvora perto de explodir.

Você sabia que dez minutos sentindo raiva são capazes de afetar nosso sistema imunológico por seis horas?

A raiva demora apenas 90 segundos para passar, mas cada vez que nos lembramos do episódio e voltamos a sentir raiva, contaminamos novamente nosso sistema imunológico por mais seis horas.

E assim é: todas as vezes que nos lembramos do episódio, a raiva volta e ficamos liberando substâncias nocivas em nosso organismo por meses, anos...

Eu sei que todo ser humano sente raiva. Mas precisamos aprender a lidar com esse sentimento.

Tem gente que expressa raiva o tempo todo. Pessoas assim estão sempre gritando e se confortam dizendo que isso as alivia, mas não é verdade.

Outras pessoas guardam a raiva por muito tempo e um dia explodem.

As consequências dessas posturas são sempre desastrosas, causando separações e desentendimentos.

Se avaliassem a fundo sua conduta, certamente essas pessoas chegariam à conclusão de que definitivamente não vale a pena agir assim.

Eu conheço pessoas que têm um baú de memórias e conseguem dizer o quanto foram magoadas em 14 de dezembro de 1974, às 14h17, por tal pessoa. E que em 22 de fevereiro de 1976 ela se sentiu inferiorizada por cicrano que a tratou mal...

Essas pessoas não se harmonizaram com o passado e continuam arrastando ao longo dos anos um sentimento de pesar enorme.

Vivem remoendo uma situação negativa que aconteceu 40, 30, 20 anos atrás...

Elas carregam o passado em seu dia a dia e não entendem por que a vida delas não melhora nunca.

Elas não percebem que o passado está determinando a qualidade da vida atual que estão vivendo.

E sabe o que há de mais triste nessa situação? Todas elas almejam um futuro melhor.

Mas só é possível mudar o futuro se harmonizando com o passado e sendo grato pelo presente.

Eu não estou pedindo para você esquecer o que aconteceu em seu passado. Não mesmo. Ele é só seu e lhe pertence. O que estou lhe pedindo para fazer é perdoar tudo aquilo que te fez mal.

É preciso que você entenda que, enquanto não houver uma transmutação de sentimentos, você vai continuar carregando essa energia consigo e isso vai impedi-lo de evoluir para um futuro melhor.

Lembranças negativas, rancorosas, amargas impedem que a harmonia se instale, impedem que saúde, a alegria e paz se façam presentes. A ausência de perdão nos aprisiona ao passado e impede de vivermos um futuro feliz. Não estou dizendo que é fácil, mas é libertador.

Eu gosto de fazer uma analogia de se harmonizar com o passado a arrumar gavetas, porque quando arrumamos nossos armários, de certa forma também estamos organizando nossa vida. Tiramos aquilo que não precisamos mais e arrumamos aquilo que ainda precisa ser guardado.

Arrumar o armário, arrumar as gavetas é uma simbologia para nossas vidas, porque precisamos fazer constantemente essa limpeza em nossos sentimentos daquilo que não precisamos mais guardar, como raiva, mágoas, inseguranças, medos, tristezas...

Manter apenas os momentos que nos trouxeram alegria, o amor, as amizades, porque, no fundo, o que importa realmente é sermos felizes e só somos felizes, quando estamos com nossos "armários" organizados, com nossos sentimentos organizados.

Então, minha sugestão é que comecemos a organizar nossos sentimentos para deixá-los "arrumadinhos".

Existem indícios de que processos no cérebro relativos à consciência se projetam para trás no tempo.

Você não pode mudar seu passado, mas pode dar a ele um novo significado e assim mudar seu futuro!

A teoria da relatividade de Einstein nos trouxe a informação de que o tempo não é o que aparenta ser. O tempo não é absoluto. Parece haver dois grupos de leis que regem o Universo. Em nossa realidade cotidiana, vivemos de acordo com as escalas de tempo, tamanho e distância. Tudo parece estar em um único lugar específico. Já no mundo quântico (onde tudo é reduzido em uma escala ao nível do átomo), tudo está em superposição. Nesse nível, as partículas podem estar em vários lugares ao mesmo tempo, podem se comportar como ondas se espalhando no espaço e tempo, podem estar interligadas a grandes distâncias, as possibilidades são infinitas. A Física Quântica chama esse fenômeno de *campo unificado*.

No mundo quântico, no mundo microscópico, as coisas podem mover-se para trás ou serem atemporais, isso significa dizer que, ao agirmos agora, podemos influenciar o passado, na mesma proporção que podemos influenciar o futuro; esse fenômeno é chamado de *simetria reversa do tempo*.

Essa conclusão da mecânica quântica não parece se adequar ao mundo convencional como o conhecemos. Todas essas informações nos põem em conflito com a forma que vivenciamos o mundo, porque no mundo convencional nos movemos para o futuro o tempo todo...

Mas essa informação pode ser muito útil para nos ajudar a criar uma nova realidade presente. Uma dessas formas é mudando a maneira de ver nosso passado, principalmente naquelas situações que nos causaram muita dor e que deixaram mágoas no presente.

Crenças e religiões já pregam a importância do perdão há muitos e muitos anos, principalmente como um ato importante para a saúde do espírito. A mágoa possui um efeito paralisante na vida das pessoas, por isso precisamos perdoar para seguir em frente.

Na vida, passamos frequentemente por dificuldades. Precisamos achar um caminho para superá-las e, assim, nos libertarmos... É para isso que existe o perdão.

Perdoar é a arte de fazer as pazes com uma situação que não aconteceu como queríamos.

Eu mesma já vivi situações que me causaram dor. Guardei ressentimento de algumas pessoas. Durante algum tempo, trabalhei o perdão. Dizia que tinha perdoado, mas, no fundo, quando alguém me dava uma notícia de que a pessoa que havia me magoado estava bem, eu desejava do fundo de meu coração que ela sofresse.

Esse sentimento de desejar o sofrimento do outro é uma mensagem clara de que não existiu o perdão.

Quando sentimos raiva ao ouvir boas notícias sobre a pessoa que de alguma forma nos magoou, isso significa que as sementes da discórdia ainda estão plantadas no subconsciente.

Eu trabalhei o perdão insistentemente. Sabia que somente perdoando me libertaria daquela prisão de sofrimento.

Não vou dizer que foi fácil, mas hoje desejo sinceramente que todos que, de alguma forma, me causaram dor, fiquem bem e em paz.

Só sabemos que realmente perdoamos quando nos lembramos das situações vividas sem que isso nos provoque dor ou sofrimento.

Então, se você vive guardando mágoas de alguém ou de alguma situação, está na hora de perdoar e se libertar para ser feliz.

Eu fui uma criança triste e emburrada. Fui uma adolescente sozinha e revoltada. Fui uma jovem adulta que sempre fazia as piores escolhas.

Hoje, sou uma mulher que reconhece que pensando e agindo daquele jeito, nada poderia ter sido diferente do que realmente foi. Assumo a responsabilidade por minhas escolhas. Agora, sabendo tudo que sei, posso contar uma nova história, posso reescrever meu passado e com isso mudar meu presente.

A maioria de nós tem uma criança ferida implorando para ser curada. Eu trabalhei a cura de meu passado. Em vez de dizer que era uma criança triste e emburrada, eu digo que eu era uma criança em busca de carinho, amor e compreensão.

Em vez de dizer que era uma adolescente sozinha e revoltada, posso dizer que eu tentava ser amada a qualquer custo.

Quando nos curamos, nos empoderamos, deixamos de ser vítimas e passamos a ser protagonistas de nossa própria história.

E se você, ao contrário de mim, teve uma vida maravilhosa em todos os aspectos, lembre-se de que você sempre pode melhorar.

Sempre podemos contar uma nova versão melhorada dos fatos.

Que parte de sua história precisa ser contada de uma nova forma? O que você precisa fazer para sua vida valer muito a pena daqui para a frente?

Desapegar-se das mágoas, saber perdoar a nós mesmos e aos outros e seguir em frente, curar as feridas. Devemos levar luz a cada cantinho de nosso passado.

Compreender que nada poderia ter sido diferente. Que cada atitude nossa foi pautada de acordo com o entendimento que tínhamos na época. Hoje, com um novo entendimento, podemos fazer diferente.

Enquanto não nos livrarmos de nossas dores, elas vão continuar a governar nossas vidas.

Quando nos perdoamos por dentro, ressignificamos nossa história, mudamos nosso passado e nosso futuro também.

Então, não se lamente pelo passado, mas aprenda a viver sabiamente o presente, certamente seu futuro será bem melhor.

Passos para a Mudança

11 – O Momento Presente é uma Dádiva

Só existem dois dias no ano em que nada pode ser feito. Um se chama ontem e o outro se chama amanhã, portanto hoje é o dia certo para amar, acreditar, fazer e, principalmente, viver.
Dalai Lama

A distinção entre passado, presente e futuro é apenas uma ilusão teimosamente persistente.
Albert Einstein

Você ama a vida? Então não desperdice o tempo, porque é desse material que a vida é feita.
Benjamin Franklin

O momento presente é que define seu futuro e, por isso, temos de maximizar a qualidade deste momento.

Você alguma vez vivenciou, realizou, pensou ou sentiu alguma coisa fora do agora? Acha que conseguirá algum dia? É possível alguma coisa acontecer ou ser fora do agora?

A resposta é óbvia, não é mesmo?

Nada jamais aconteceu no passado, aconteceu no agora. O que consideramos como passado é um agora anterior.

Nada jamais irá acontecer no futuro, acontecerá no agora de amanhã.

Se a realidade que você observa não é de seu agrado, pergunte-se: o que está me chateando? Como eu preciso me sentir para alcançar meus desejos? As respostas dessas perguntas vão lhe mostrar o sentimento de resistência que você está vivendo.

Quando direcionamos nossa vida pela busca da alegria, acabamos por colher os frutos dessa atitude.

Quando remoemos mágoas e decepções, acabamos por trazer de volta esses sentimentos para nossa vida.

Somente aquele que assume para si a tarefa de responsabilizar-se, a cada momento, por suas escolhas, poderá alcançar seus desejos. Nossa vida será sempre o resultado dos objetivos que cultivarmos na mente e no coração.

Toda semente plantada com amor e paciência frutificará inevitavelmente. Seu futuro depende das decisões que você toma hoje.

HOJE É A PONTE PARA O AMANHÃ!

O presente é feito do passado, e o futuro é feito do presente!

Estamos colhendo os efeitos de nossos pensamentos, palavras e ações de nosso passado. Revoltar-se, brigar com a vida, ficar se lamentando, se culpando, de nada vai adiantar. Precisamos entender que estamos colhendo no presente o que plantamos no passado. Estamos colhendo hoje o que plantamos ontem. Plante boas sementes hoje e colherá bons frutos amanhã!

Para aprender a viver o momento presente, é importante perceber o que estamos pensando. É essencial esse autoconhecimento: detectar como são nossos pensamentos para dissolver os padrões errôneos. Precisamos começar a observar nossa mente, ser a testemunha de nossos sentimentos.

Então, você quer ser rico, mas reclama das dívidas; quer ser feliz, mas reclama que sofre; quer ser magro, mas reclama que está gordo; quer um trabalho que o realiza, mas diz que não aguenta mais seu trabalho... Você está gerando resistência.

Atitudes negativas no presente geram resistência e impedem a criação de um futuro melhor.

Melhor dizendo: o futuro só será melhor se hoje estiver bom!

Os sentimentos de culpa, tristeza, arrependimento, amargura, incapacidade de perdoar são causados pelo excesso de passado.

Já a ansiedade, a preocupação, o medo são sentimentos de quem está com excesso de futuro.

O único lugar onde pode ocorrer a verdadeira mudança, onde podemos dissolver o passado e ficarmos livres da ansiedade do futuro, é no agora.

Por isso é tão importante encerrar ciclos e fazer uma faxina em suas emoções, em suas experiências passadas.

O agora, o momento presente tem muito poder. Podemos ser felizes agora, e não em um futuro longínquo ou em um passado ilusório.

Livre-se de tudo o que você não quer mais em sua vida.

Abra espaço para que sentimentos novos ocupem espaço em sua vida e não espere para tomar decisões em nome do "momento ideal", porque o momento ideal é agora.

Não podemos mudar muitas coisas no momento presente, pois as causas estão no passado que não existe mais, mas podemos mudar nossa postura no presente. Isso faz toda a diferença para nosso futuro.

Passos para a Mudança

12 – Autoaceitação e Autoacolhimento

Infelizmente, na família, na escola e diante da TV, aprendemos muitos padrões, aprendemos a imitar, a nos comparar com os outros, mas não aprendemos a ser nós mesmos. Crescemos nos distanciando de nossa natureza profunda, assumindo funções como a de bom filho, boa esposa, mãe ou profissional. Falam para nós que temos de nos esforçar para ser alguém.

Qual é o esforço que deve fazer o pé de maçãs para ser um pé de maçãs e dar maçãs? Ser o que realmente somos não exige nenhum esforço. Fazer de nosso fazer a expressão de nosso ser não pede desenvolver a força de vontade. Precisamos força de vontade unicamente quando tentamos ser o que não somos ou nos exigimos fazer aquilo que nada tem a ver com nossa natureza interior. Podemos tentar de mil maneiras sermos algo diferente do que somos, mas nunca vamos conseguir, por isso a escolha não é ser isso ou aquilo, a escolha é ser ou não ser.

Quem não se aceita, buscando a aceitação dos outros, vai se identificando com funções e papéis, aceitando se envolver em qualquer atividade que aparentemente lhe dê o reconhecimento e o dinheiro que precisa. Claro que se envolver tanto tempo por dia em uma atividade que pouco ou nada tem a ver consigo mesmo implica viver uma vida de profunda insatisfação.

Veet Pramad

Seja feliz do jeito que você é, não mude sua rotina pelo que os outros exigem de você, simplesmente viva de acordo com seu modo de viver.
Bob Marley

A auto-observação tem o poder de nos curar, e a cura está na autoaceitação.

Autoaceitação significa se sentir feliz com quem você realmente é. Quando nos aceitamos, aprovamos todas as nossas partes, inclusive aquelas que não gostamos. Quando você se aceita, não significa que você gosta de tudo o que há em você, significa que você é consciente de quem você é, consciente de todos os seus erros, e também consciente de todos os seus acertos.

Com a auto-observação conseguimos identificar tanto nossas qualidades como nossos defeitos. A autoaceitação implica saber que estamos bem mesmo sabendo que não somos perfeitos, mas que sempre podemos melhorar.

Quando nos aceitamos, entendemos que às vezes nos sentimos inseguros, que às vezes sentimos medo, ansiedade ou tristeza, mas também conseguimos entender que é possível superar esses sentimentos.

Tudo aquilo que vemos como dificuldade, como infortúnio, tudo aquilo contra o que praguejamos é de grande valia se passarmos a observar como excelentes oportunidades para nosso crescimento. Isso nos mostra exatamente o que temos armazenado em nosso subconsciente.

Quando nos aceitamos, deixamos de sentir tanta culpa e, consequentemente, deixamos de nos punir porque compreendemos que, se geramos algumas situações desconfortáveis para nossas vidas, agimos assim com base na programação que tínhamos no passado.

Se você tomou decisões não muito acertadas, você fez isso com base nas crenças que tinha na época. Naquele momento, era o melhor que você podia fazer dentro de sua compreensão.

Quando você se aceita em vez de se punir, você é capaz de se dar amor e acolhimento. O fato de você se autoaceitar o liberta para ser uma pessoa plena e feliz.

Você só será capaz de aceitar seus defeitos quando passar a olhá-los com carinho e compreensão.

Se você tentar esconder de si seus defeitos, você nunca será capaz de mudá-los. A única forma de evoluir é encarando seus problemas de frente.

Por essa razão é muito importante que você pare e faça uma reflexão sobre o que está acontecendo em sua vida. Observe o que não está legal. Avalie seu grau de exigência para com você mesmo.

Quando uma pessoa não se aceita como é, procura aceitação no mundo externo e cria máscaras para tentar construir uma imagem diferente do que ela é interiormente, e imediatamente tenta ser alguém que não é, tenta parecer-se com determinados modelos, tenta construir uma imagem externa diferente do que ela é interiormente.

Quando deixamos de ser quem verdadeiramente somos, afastamo-nos de nossa essência.

Quanto mais nos distanciamos do que somos para tentar ser o que não somos, para tentar ser o que achamos que os outros querem que sejamos, maior é o sofrimento.

De fato, pretendemos o impossível, porque nunca conseguiremos colher peras em um pé de maçãs.

O sofrimento vem de deixar de ser o que somos para agradarmos aos outros.

O autorrespeito deve ser sempre seu guia para direcionar sua caminhada.

Aceite-se exatamente do jeito que você é.

Não se compare com as outras pessoas, cada um tem seu próprio potencial. Você é único, sua história é única, não existe ninguém no mundo igual a você!

Exija de você apenas aquilo que você pode dar, na medida certa: nem mais nem menos, somente aquilo que você for capaz.

Compreenda que as opiniões dos outros, mesmo as das pessoas que você mais respeita, são subjetivas, são apenas opiniões. Só você sabe o que você viveu, só você sabe o que sentiu na pele.

Você tem defeitos, todos nós temos. Mas não rejeite suas virtudes. Você também as tem e é nelas que você deve manter seu foco.

Acredite em você, mas não tenha pressa de chegar lá. Curta o caminho. O processo em si já em uma vitória.

A única batalha a ser vencida é a batalha contra nós mesmos. Quando conseguirmos dominar nossas emoções negativas, nossos medos, nossas dúvidas, e nos aceitar, vamos realmente começar a viver uma existência superiormente interessante.

Passos para a Mudança

13 – Sentir-se Merecedor: Aprender a Dar e Receber

As pessoas mais felizes não têm as melhores coisas, elas sabem fazer o melhor das oportunidades que aparecem em seus caminhos.
Clarice Lispector

Quando nascemos, recebemos de presente o mundo inteiro.

Entretanto, um grande problema para a maioria das pessoas é fundado no fato de não saber receber. Esse tema engloba vários aspectos: não saber receber amor, ajuda, carinho, abraço, dinheiro...

A maioria das pessoas sabe dar, mas definitivamente não é boa em receber. E, por causa disso, acaba não recebendo mesmo.

Receber costuma ser um desafio, por diversas razões. Normalmente as pessoas não se sentem dignas ou merecedoras. Se você diz que é merecedor, então é. Se diz que não é, então não é. Em qualquer hipótese, você está definindo sua história.

Outro motivo bem comum da dificuldade de receber é a pessoa acreditar no ditado: "Dar é melhor do que receber".

T. Harv Eker, em seu livro *Os Segredos da Mente Milionária*, lança esta questão: "O que é melhor: braço esquerdo ou braço direito, perna esquerda ou perna direita?".

Dar e receber são as duas faces de uma mesma moeda. Quem inventou que é melhor dar do que receber devia ser um péssimo recebedor.

Pense em como é a sensação de dar?

Agora pense em como é a sensação de receber?

Para todo doador tem de haver um recebedor; para todo recebedor tem de haver um doador.

Para piorar as coisas, não estando plenamente propensa a receber, a pessoa está "treinando" o Universo a não lhe dar.

É simples: se alguém não está aberto a receber sua parte, ela irá para quem esteja. Esse é um dos motivos que levam os ricos a ficarem cada vez mais ricos e as pessoas de mentalidade pobre ficarem cada vez mais pobres.

Lembro-me de um processo de *coaching* em que perguntei à minha cliente o que ela faria se soubesse que tinha uma doença terminal e que lhe restavam poucos dias de vida. Ela me disse que sumiria no mundo sem deixar notícias. Então questionei: e se seu filho soubesse que tem uma doença terminal e tivesse poucos dias de vida e também resolvesse tomar uma atitude igual à sua e sumisse no mundo? Ela ficou indignada e disse que seria um tremendo egoísmo da parte dele. Então tornei a perguntar: e o que seu filho pensaria de sua atitude?

Essa pergunta foi um tremendo ponto de mutação na vida dela. Ela pode enxergar o quanto era capaz de dar, mas também tomou consciência do quanto era incapaz de receber qualquer tipo de ajuda. Desde então ela se abriu para o mundo e se permitiu receber amor, carinho e suporte de sua família e de seus amigos. Aquela percepção mudou sua vida.

Pergunte-se: você se considera um bom recebedor?

Passos para a Mudança

14 – Amor-Próprio e Amor à Vida

Aprender a se colocar em primeiro lugar não é egoísmo nem orgulho. É Amor-Próprio.
Charles Chaplin

Amar a si mesmo é o começo de um romance para toda a vida.
Oscar Wilde

As pessoas que não sabem amar a si mesmas buscam constantemente a aprovação alheia e sofrem quando são rejeitadas. Para quebrar essa dinâmica, devemos admitir que não podemos satisfazer a todos.
Nietzsche

Solidão não se cura com o amor dos outros. Cura-se com amor-próprio.
Martha Medeiros

Não o ensinam a se apaixonar por você. Mas querem que você doe amor puro, querem que você seja o porto seguro de alguém. Eles o fazem deitar em um quarto escuro e esperar que o príncipe chegue e acenda as luzes, quando você é sua própria luz. Pena que talvez você morra sem saber disso. Queria ler um romance sobre mim, e eu queria ouvir uma canção sobre a magia que é acordar comigo todos os dias e de como eu sou adorável, engraçada e inteligente. Você cresce para ser o amor da vida de alguém, você cresce esperando encontrar um amor. O amor sou eu mesma esperando por mim esperando pelo

perdão. Esperando pela aceitação, esperando que eu acorde e me enxergue, me apaixone por quem sou e seja totalmente suficiente.
Helena Ferreira

O homem que ama a si mesmo, desfruta tanto do amor, torna-se tão contente que o amor começa a transbordar, começa a alcançar os outros. O amor começa com você mesmo, assim ele pode se espalhar. Ele vai se espalhando à sua própria maneira; você não precisa fazer nada para espalhá-lo.
Lentamente as ondulações começam a se expandir cada vez mais longe. Você ama outras pessoas; então, você começa a amar os animais, os pássaros, as árvores, as pedras. Você pode preencher todo o Universo com seu amor.
Osho

Ama a vida que tu vives,
Vive a vida que tu amas.
Bob Marley

Estava participando de uma vivência quando foi lançada a pergunta: o que é o amor?

Que pergunta difícil de responder... Pelo menos para mim foi...

Eu me perguntava: o que é o amor? O que é o amor? O que é o amor? E nada, eu não encontrava nenhuma resposta.

Naquele momento, eu passava por uma grande dor. Tinha terminado um relacionamento, estava completamente sem dinheiro, sem trabalho, falida. Sentia-me pequena, incapaz, raivosa, doente.

Minha resposta era que eu não acreditava no amor. Eu não acreditava nem que ele existisse, muito embora dentro de mim acendesse uma fagulha que dizia que eu era o amor.

Lembro-me de ter tido que eu era no máximo 30% amor, que o restante de mim era uma mistura de sentimentos estranhos e tristes.

Continuei a fazer essa pergunta para mim dezenas de vezes: o que é o amor? Confesso que não foi nada fácil encontrar a resposta.

Eu cresci em um lar que não era exatamente um modelo de amor. Meus pais, por sua vez, também não haviam sido criados em um lar amoroso, nem meus avós... Acredito mesmo que se eu procurar a fundo, ninguém de minha árvore genealógica, nem paterna nem materna, foi criado em um ambiente de amor.

Se eu fosse avaliar, até que 30% de amor para todo o conhecimento que eu tinha na época era um bom número.

Meu conceito de amor estava conectado ao desapontamento. Quando pensava no amor, experimentava a memória da dor.

Essa maneira convencional de como costumamos pensar no amor que causa dor, que faz sofrer, deve ser substituída.

Não estou falando aqui de paixão, nem de desejo, nem de romance, mas do amor mais puro, que é a essência da vida.

Amor não é dor!

O amor dá sentido à vida, é a vida.

O amor é o sentimento mais transformador e poderoso do mundo.

Amor é cuidado. Amor é conexão. Amor é ternura. Amor é zelo. O amor nutre, une, aceita, reconhece a importância do outro e a própria importância. O amor traz paz, harmonia, aquieta a alma, promove a gratidão, traz cor, valor!

O amor é o melhor sentimento para se chegar mais perto de Deus.

O amor é a força que nos guia. O amor é o elixir da plenitude. Torna tudo melhor.

Todos nós desejamos ser amados e apreciados por nossos amigos, nas relações de família, nas relações humanas em geral. O amor universal, que todo ser humano busca, independentemente da posição política, independentemente da crença religiosa, da posição social.

O amor-próprio faz com que as pessoas ajam positivamente, procurem se compreender melhor e também compreender as outras pessoas. Somente quando nos amamos é que somos capazes de amar o outro.

Quem se ama respeita as próprias necessidades e sabe que o outro também merece respeito pelas suas. Quem se ama se conhece, sabe o que deseja, sabe o que quer para a própria vida. Quem se ama busca realizar seus desejos e respeita que o outro também queira realizar os seus.

Quem se ama é capaz de causar uma revolução: é capaz de mudar de emprego, de mudar de relacionamento, de mudar de cidade, de vida, tudo para ser feliz!

Quanto mais honramos nossa história, mais honramos a história dos outros.

Hoje sei que eu sou o amor. No amor eu vivo, me movo e existo. O amor é minha essência e a razão de meu existir. É o legado que quero deixar para o mundo.

É pelo amor que vale a pena viver. Eu me amo e amo a vida plenamente.

Passos para a Mudança

15 – Assumir a Responsabilidade Pessoal e Livrar-se da Culpa

A única revolução possível é dentro de nós. Não é possível libertar um povo sem antes livrar-se da escravidão de si mesmo. Sem esta, qualquer outra será insignificante, efêmera e ilusória, quando não um retrocesso. Cada pessoa tem sua caminhada própria. Faça o melhor que puder. Seja o melhor que puder. O resultado virá na mesma proporção de seu esforço. Compreenda que, se não veio, cumpre a você (a mim e a todos) modificar suas (nossas) técnicas, visões, verdades, etc. Nossa caminhada somente termina no túmulo. Ou até mesmo além...
Mahatma Gandhi

Afinal, o que é certo e o que é errado?

Será que só existe um modelo daquilo que classificamos como certo?

Será que aquilo que classificamos como errado é realmente errado?

Acredito que temos de deixar essas classificações um pouco de lado e fazer uso de uma sabedoria muito maior para reclassificar algumas situações.

Quando fazemos algo que a Igreja ou a sociedade classifica como "errado", sentimo-nos culpados e a culpa sempre gera punição.

Vamos passar a substituir a palavra culpa por responsabilidade pessoal.

A culpa é decorrente do modelo **certo x errado** que a sociedade nos impõe.

Vamos substituir certo e errado por escolhas.

Quando passamos a assumir a responsabilidade por tudo o que acontece em nossas vidas, entendemos que cada uma de nossas escolhas vai produzir resultados e temos de aprender a lidar com cada uma delas. Mas o principal é que temos de aceitar o resultado sem culpa. Não podemos nos punir pelas consequências de nossas escolhas e, tampouco, punir outras pessoas.

Quando passamos a entender que somos nós que criamos a realidade que vivemos, começamos a fazer escolhas mais conscientes, mais sábias e não por medo do modelo preconcebido de certo e errado, ou de sermos punidos, mas, sim, porque sabemos que cada escolha gera um resultado com o qual temos de lidar.

Acredite, assumir a responsabilidade é o caminho para o despertar e para a iluminação. Seria bem mais fácil culpar Deus ou o Diabo, ou o sistema, ou a sociedade, mas não existe nada lá fora nos condenando, nos culpando, nos julgando. A culpa não está fora, ela está bem dentro de cada um de nós. Aceitar o resultado de nossas escolhas muitas vezes é um processo bem doloroso, mas precisamos aprender a chamar a responsabilidade para nós mesmos.

Daí a importância de bancarmos nossas escolhas, porque quando fazemos isso conscientemente já avaliamos as perdas e os ganhos de cada situação. Então não seremos surpreendidos com resultados inesperados.

Agindo conscientemente, saberemos exatamente quais resultados podemos obter de cada ação, assim não existirá culpa e, não havendo culpa, consequentemente não existirá punição, apenas estaremos colhendo os frutos daquilo que plantamos e sabíamos exatamente quais seriam as consequências possíveis.

Passos para a Mudança

16 – Entendendo a Vibração do Trabalho

Que ninguém se engane, só se consegue a simplicidade através de muito trabalho.
Clarice Linspector

O prazer no trabalho aperfeiçoa a obra.
Aristóteles

Quando não se tem aquilo que se gosta, é necessário gostar-se daquilo que se tem.
Eça de Queiroz

Lembre-se de tudo o que vimos até agora sobre a Lei da Atração: se você achar que seu trabalho é um castigo, ele vai castigá-lo diariamente, mas, se acreditar que seu trabalho é um lugar onde você pode descobrir a cada dia novas possibilidades de agregar conhecimento e de se desenvolver, você vai se ver um Universo totalmente diferente daquele que você se encontra hoje se abrindo diante de seus olhos.

Se você reclamar que seu salário não dá para nada, ele será sempre escasso. Ao contrário, se você começar a agradecer toda vez que receber seu dinheiro, o Universo vai agraciá-lo cada vez com mais e mais dinheiro e seu salário será sempre suficiente ou mais que suficiente para suas despesas.

Reclamar da postura de trabalho de seus colegas e de seu chefe vai deixá-lo cada vez mais aborrecido. Ao contrário, se você começar a enxergar as qualidades de seus colegas de trabalho e de seu chefe, eles também começarão a enxergar suas qualidades e elas serão cada vez mais ressaltadas.

Se você pensar que não é capaz, que você não consegue...Você não vai conseguir; ao contrário, se você pensar que é capaz, que você consegue, certamente vai dar certo.

Se você pensa que seu trabalho é um fardo, tudo ficará mais difícil e pesado.

Da mesma forma, se você pensa que é um fracasso, já está definido e um fracasso você será.

Se você pensa que não será promovido porque não tem cartucho... Não será.

Se você pensa que ninguém reconhece seu valor... Ninguém reconhecerá.

Se você pensa que não é bom o suficiente... Nunca será.

Se se sentir inferiorizado... Assim será.

Se pensa que não tem tempo... Nunca terá.

Se você pensa que seu chefe jamais o deixará fazer isso... Jamais permitirá.

Se você optar por continuar trabalhando por obrigação, dificilmente poderá atrair novas oportunidades; entretanto, já aprendemos que você pode mudar sua ótica e enxergar novas possibilidades.

Se passar a enxergar seu trabalho como uma fonte de prazer e uma forma de desenvolver suas habilidades, assim será!

Lembre-se de que as pessoas que enxergam a vida sob uma ótica positiva são sempre pessoas agradáveis, com vontade de aprender, bem-dispostas, colocam amor em tudo o que fazem, relacionam-se bem com o chefe, com os colegas de trabalho e tornam o ambiente de trabalho alegre, leve e saudável.

Desempenhar suas atividades com capricho e dedicação certamente lhe renderá bons frutos. Quando trabalhamos com prazer e satisfação estamos sintonizados com a lei da prosperidade, e a consequência natural de tudo isso é certamente o sucesso e o dinheiro!

Não tenha medo; em vez de ter medo, tenha curiosidade de aprender coisas novas. Aventure-se!

Aprenda a gostar de seu trabalho ou aventure-se em um novo. Faça o que for possível para ter prazer nas atividades que você desempenha e, então o trabalho deixará de ser trabalho e passará a ser sua paixão.

Conscientize-se de que você é o autor da sua vida.

O poder de escolha sempre será seu!

Passos para a Mudança

17 – Entendendo a Vibração do Dinheiro

As pessoas mais felizes não têm as melhores coisas. Elas sabem fazer o melhor das oportunidades que aparecem em seus caminhos.
Clarice Linspector

O dinheiro é a coisa mais importante do mundo. Representa: saúde, força, honra, generosidade e beleza, do mesmo modo que a falta dele representa: doença, fraqueza, desgraça e maldade.
Arthur Schopenhauer

Riqueza e felicidade não são sinônimos. A riqueza por si só não traz contentamento. Felicidade é estado de espírito e absolutamente nenhum bem material é capaz de comprá-la, mas o dinheiro pode sim lhe proporcionar várias situações nas quais você se sinta feliz. Então, faça as pazes com o dinheiro!

O problema é que as pessoas confundem dinheiro com felicidade e eles definitivamente não são sinônimos. Assim como pobreza e felicidade também não são sinônimos. Há pessoas ricas e felizes, da mesma forma que existem pessoas ricas e infelizes. Há pessoas pobres e felizes, da mesma forma que existem pessoas pobres e infelizes.

Estudos realizados acerca da felicidade mostram que, além de um nível em que nossas necessidades são satisfeitas, o aumento da renda não necessariamente traz felicidade.

As pessoas acabam confundindo dinheiro com felicidade porque as campanhas publicitárias nos vendem isso; se comprarmos algo seremos mais felizes ou amados, se tivermos determinada coisa seremos mais felizes, mas nossa felicidade não aumenta na mesma proporção que o aumento de nosso dinheiro ou de bens. Imagine que de hoje para amanhã você ganhe 100 milhões de reais na loteria. Você não teria a capacidade de ficar 100 milhões de vezes mais feliz com o aumento de seu patrimônio...Você até poderia ficar mais feliz, mas nunca 100 milhões de vezes mais feliz.

A maioria da população mundial tem uma relação bem conturbada com o dinheiro e, quanto mais reclama da falta dele, pior fica a situação financeira em que todos se encontram. E acredite, eu sei o que estou falando, eu mesma já tive um *mindset* muito errado com relação ao dinheiro.

Infelizmente acreditamos mais na carência do que na abundância, mas precisamos mudar essa crença. Sejamos mais generosos conosco mesmos. Precisamos nos harmonizar com a energia do dinheiro.

Costumamos ouvir que a falta de dinheiro é um enorme problema, mas, na verdade, ela nunca é um problema, mas, sim, um sintoma do que está acontecendo na mente. O problema não está na falta, mas nas crenças negativas acerca do dinheiro, estas, sim, é que levam à falta...

Quaisquer que sejam os resultados que você vem obtendo em sua vida financeira, sejam eles abundantes ou escassos, eles são um reflexo de seu modelo mental sobre o dinheiro.

Nós vivemos em um mundo de causa e efeito: dinheiro é resultado, riqueza é resultado... Falta de dinheiro é resultado, dificuldade financeira também. Cada uma dessas situações financeiras é resultado de um determinado modelo mental.

Aprendemos a pensar e agir de determinada maneira no que se refere ao dinheiro. Se você vive uma situação financeira interessante é porque você tem um modelo mental interessante acerca do dinheiro, mas se você vive uma situação financeira complicada é porque você colecionou crenças negativas acerca do dinheiro. Dessa forma, tanto o dinheiro em abundância como a falta dele são o resultado de um determinado entendimento.

Para fazer a reprogramação de sua configuração mental financeira será preciso que você tome conhecimento de todas as crenças sobre o dinheiro que você acumulou durante toda a sua vida, basicamente da programação que recebeu, sobretudo quando criança, de seus pais, irmãos, amigos, professores, líderes religiosos... Será um processo de descobertas gradativo, profundo e libertador. Analise seus pensamentos, seus medos, suas atitudes.

É importante que você avalie quais frases você costumava ouvir a respeito do dinheiro em sua infância. Pessoas que passam por dificuldades financeiras provavelmente costumavam ouvir algo como: o dinheiro é a fonte de todo mal, os ricos são gananciosos, os ricos são criminosos, os ricos são desonestos, você tem de dar duro para ganhar dinheiro, não se pode ser rico e espiritualizado ao mesmo tempo, dinheiro não nasce em árvore, isso não é para nosso bico, não temos dinheiro para isso, o dinheiro é sujo, o dinheiro corrompe as pessoas, o dinheiro atrai falsos amigos, o dinheiro atrai assalto, o dinheiro atrai inveja, o dinheiro é o mal do mundo, pessoas ricas não vão para o céu, e tantas outras...

Nossa mente é muito coerente, então, se o dinheiro é a fonte de todo mal, nosso subconsciente vai trabalhar para que não tenhamos dinheiro, pois ele quer nosso bem e não nosso mal. Se os ricos são gananciosos e se eu sou uma pessoa generosa, então não posso ser rico (é assim que sua mente vai pensar e vai repelir o dinheiro de sua vida); se os ricos são criminosos e sou uma pessoa honesta, não posso ser rico; se sou uma pessoa espiritualizada, tenho de me desapegar da matéria, então, o dinheiro nunca fará parte de minha vida; se eu tenho bons amigos, não posso ser rico...

Entenda: essas crenças são absurdas e descabidas!

O dinheiro não tem nada a ver com o caráter das pessoas. Existem pessoas ricas que são generosas, honestas, com bom caráter e bons amigos. Não é o dinheiro o responsável pelos males da humanidade.

Por isso é importante rever todas as nossas crenças acerca do dinheiro. Porque são elas que conduzem o rumo de nossa vida financeira.

Para aqueles que se alinham com a riqueza, mais riqueza lhes será dada; já àqueles que se alinham com a pobreza, mais pobreza lhes será dada.

É importante que sejamos capazes de rever todas as informações acerca do dinheiro colecionadas ao longo de nossas vidas e mudar todas as programações que não são mais úteis para nosso sucesso.

É preciso identificar os pensamentos que possam ser desfavoráveis ao nosso progresso financeiro e, depois de identificá-los, é necessário substituí-los de forma consciente por outros que se harmonizem com a energia do dinheiro, é necessário criar novas conexões neurais favoráveis ao dinheiro.

Uma vez que essas crenças negativas sobre o dinheiro forem transmutadas, você vai conseguir obter novos resultados financeiros em sua vida.

Quando eu me encontrava em situação de total falência financeira, encontrei muita gente para me dar conselhos, elas me diziam que eu tinha de parar de reclamar da falta de dinheiro e colocar meu foco em procurar uma solução para meu problema.

De fato, quando estamos vivendo na carne uma situação difícil é muito fácil concentrar nossa atenção apenas no problema. É um desafio pensar fora da caixa.

É preciso que nos lembremos da lei da intenção e da atração: quanto mais reclamamos, mais atraímos situações para reclamar. Quanto mais reclamamos da falta de dinheiro, mais obstáculos vão sendo criados, impedindo que o dinheiro chegue em nossas vidas.

Devemos sempre nos lembrar de que pensamentos negativos sobre o dinheiro criam a pobreza. Quanto mais você reclamar da falta de dinheiro, mais pobre você vai ficar. Você está disposto a pagar esse preço tão alto?

O dinheiro foi criado para facilitar nossa vida e ele só proporciona coisas boas. Não é o dinheiro que traz discórdia, quem atrai a discórdia são pessoas. Pessoas felizes e de bom caráter com dinheiro no bolso podem ajudar o mundo a ser um lugar bem melhor de se viver.

Hoje, felizmente, fiz as pazes com o dinheiro e espero que, se o dinheiro for um problema para você, também faça as pazes com ele.

Passos para a Mudança

18 – Entendendo a Vibração da Saúde

Em geral, nove décimos de nossa felicidade baseiam-se exclusivamente na saúde. Com ela, tudo se transforma em fonte de prazer.
Arthur Schopenhauer

A cólera prejudica o sossego da vida e a saúde do corpo, ofusca o julgamento e cega a razão.
Denis Diderot

É parte da cura o desejo de ser curado.
Sêneca

Nós envelhecemos quando perdemos o interesse pela vida, quando deixamos de sonhar, de ansiar por novas verdades e de procurar novos mundos para conquistar.
Joseph Murphy

Envelhecer qualquer animal é capaz. Desenvolver-se é prerrogativa dos seres humanos. Somente uns poucos reivindicam esse direito.
Osho

Nossa saúde é definida por nossos sentimentos. Cada pensamento gera uma emoção e cada emoção mobiliza um circuito hormonal em cada uma das células de nosso organismo. Somos responsáveis por nosso corpo e por tudo que ocorre nele.

Nossos pensamentos e sentimentos influenciam nossa saúde. O ser humano se suicida centenas de vezes diariamente por meio de pensamentos destrutivos e emoções negativas.

Emoções, como tristeza, raiva, medo, ódio, baixa autoestima, desvalorização, rejeição, inveja, insegurança, impotência, sofrimento, desencadeiam em nosso cérebro uma série de substâncias nocivas que são capazes de gerar doenças. Esses sentimentos fazem com que nosso sistema imunológico fique com sua capacidade reduzida e liberam a secreção de cortisol, um hormônio corrosivo para nossas células que acelera o processo do envelhecimento, inibe nosso cérebro e nos impede de pensar claramente.

Muitas pessoas que me procuram hoje para os processos de *coaching* apresentam um grau imenso de insatisfação e reclamam demais da vida, da crise financeira, dos relacionamentos, do trabalho, do salário, reclamam de tudo. O que elas não sabem é que quando reclamamos muito ativamos uma glândula em nosso corpo chamada suprarrenal. Essa glândula é responsável pelo estresse, e toda vez que ela está em atividade libera cortisol, um hormônio que, liberado em grande quantidade, é capaz de causar doenças graves no nosso organismo, desde aumento da pressão arterial, obesidade, diabetes, até infarto e AVC (acidente vascular cerebral).

Estados positivos de humor, ao contrário, são a chave para a longevidade saudável. Sentimentos como a alegria, gratidão, autoconfiança, amor, valorização pessoal, paz, entusiasmo, fé, otimismo, esperança, contentamento promovem secreção de serotonina, ocitocina, dopamina e endorfina, que têm o poder de renovar as células, e nossa fisiologia.

As emoções positivas aumentam nossa harmonia interna, nosso cérebro fica em harmonia e temos pensamentos claros.

Quando alcançamos o equilíbrio na forma de pensar, também alcançamos o equilíbrio hormonal de nosso corpo.

Quando você muda o campo do átomo muda o átomo, e somos feitos desses átomos.

Assim, se a energia emanada do coração é uma energia boa, você passa a gerar saúde para sua vida.

Podemos renovar nosso sistema imunológico por meio de nossos pensamentos. Temos de assumir total responsabilidade por nossa saúde. Não podemos pensar que ela vem de fora, nem que alguém possa trazê-la de volta. Somos os únicos responsáveis por nossa saúde.

Outro fator importante para nos mantermos saudáveis é avaliar nossas crenças sobre saúde e envelhecimento.

Se acreditarmos que uma coisa vai funcionar, independentemente do que seja, vai funcionar. É como o efeito placebo, é sempre a intenção de cura que gera o resultado positivo. Então, se acreditarmos que, ao envelhecer, perderemos nossa saúde, assim será.

A humanidade está acostumada a pensar que é natural que haja um declínio dos movimentos após certa idade, que é natural envelhecermos, mas de acordo com pesquisas científicas nós construímos um novo corpo a cada dez anos. Portanto, do ponto de vista fisiológico, temos apenas 10 anos de idade.

Nosso DNA está desenvolvido para vivermos 120 anos, mas morremos entre os 70 e 80 anos. Vivemos 50 anos a menos em razão desse desalinhamento entre nossas emoções.

Se nossas células se mantêm em um constante ciclo de renovação, então por que razão envelhecemos?

Se você acredita que vai ficar velho, doente e incapaz, está impregnando seu subconsciente com essa convicção e certamente assim será sua realidade.

E não é só o que comemos que importa, mas a qualidade das células de nosso corpo. Não adianta alimentar seu corpo com alimentos orgânicos, com alimentação natural, e bombardeá-lo com emoções negativas por anos seguidos.

É preciso haver uma coerência nessas atitudes. É óbvio que alimentar bem o corpo é uma ótima atitude, mas não vai causar o efeito esperado se os pensamentos continuarem na contramão, porque não haverá células suficientes para a entrada de nutrientes necessários para a saúde.

Então, imagine um corpo cujas células são viciadas em emoções negativas por 20 anos, 30 anos, 40 anos, 50 anos...

Será que sobram células receptoras capazes de absorver vitaminas, minerais, nutrientes?

Concentre-se em se manter saudável, com energia e vitalidade.

Nossa longevidade é determinada por nosso estado mental, por nosso desejo de viver, por nosso estado psicológico. Se em vez de se queixar de sua saúde, de sua falta de energia, de suas dores e passar a se concentrar na cura e na felicidade de ter um corpo saudável, sua vida será muito mais saudável.

Nossa saúde e nossa longevidade começam quando conscientemente decidimos com quais emoções vamos alimentar nosso corpo.

Se acharmos que temos uma doença incurável, assim será. Da mesma forma, se acharmos que tem cura, também estaremos certos.

Pense na cura e não na doença.

A doença não pode sobreviver em um corpo que tem um estado emocional saudável.

Não se concentre na dor. Concentre-se na cura.

Nossos pensamentos têm o poder de recriar nosso corpo. Acredite na cura.

Passos para a Mudança

19 – Conectando-se Com Sua Beleza

A beleza é a única coisa preciosa na vida. É difícil encontrá-la, mas quem consegue descobre tudo.
Charles Chaplin

Os ideais que iluminaram meu caminho são a bondade, a beleza e a verdade.
Albert Einstein

O futuro pertence àqueles que acreditam na beleza de seus sonhos.
Eleanor Roosevelt

Quem possui a faculdade de ver a beleza não envelhece.
Franz Kafka

O desleixo com o corpo, com as roupas, com a casa, com o jardim, com o ambiente de trabalho define bem como a pessoa está por dentro.

A Universidade de Stanford (Estados Unidos) realizou uma experiência de psicologia social com a finalidade de identificar por que as pessoas agem de forma delituosa, independentemente da classe social. Foram abandonados dois veículos idênticos em via pública. Um no Bronx (uma zona pobre e conflituosa de Nova York) e o outro em Palo Alto (uma zona rica e tranquila da Califórnia).

O resultado foi que a viatura abandonada no Bronx começou a ser vandalizada em poucas horas. Levaram tudo o que podia ser levado e aquilo que sobrou do veículo que não podia ser carregado foi destruído.

Contrariamente, a viatura abandonada em Palo Alto manteve-se intacta até que os pesquisadores decidiram quebrar um vidro do automóvel. O resultado foi que logo em seguida o veículo foi depredado da mesma forma como ocorrido no Bronx.

Evidentemente, não é em razão da pobreza, mas, sim, algo que tem a ver com a psicologia humana e com as relações sociais. Um vidro quebrado em um carro deixado na rua transmite a ideia de abandono.

A Teoria das Janelas Quebradas foi desenvolvida com base nessa experiência, que constatou que o descuido dá a impressão de que ninguém está se importando com aquela determinada situação, já o cuidado passa uma impressão totalmente diferente. Nas zonas onde o descuido, a sujeira, a desordem são maiores, a criminalidade aumenta; já nas comunidades limpas, ordenadas, existe uma tendência de se respeitar as leis.

A prefeitura de Nova York, baseando-se na Teoria das Janelas Quebradas, adotou no passado a estratégia de criar comunidades limpas e ordenadas. O resultado prático foi uma enorme redução dos índices de criminalidade na cidade.

Essa teoria pode também explicar o que ocorre aqui no Brasil com corrupção, impunidade, imoralidade, criminalidade, vandalismo, etc. Se um rouba, todos se acham no direito de exigir sua fatia do bolo. Para mudarmos esse quadro, precisamos mostrar que a lei vale para todos. Que priorizamos a ética e a moralidade. Porque enquanto cada um se achar no direito de "dar um jeitinho", a nação vai continuar a colher os frutos dessa "janela quebrada", embora todos gostassem de ver um país belo e justo.

Nossos olhos adoram contemplar a beleza. Uma bela paisagem, uma casa bonita, bem cuidada, bem limpa. Um escritório bem decorado e organizado, isso acalma a alma.

Já uma paisagem destruída traz inquietação, o feio é agressivo e a bagunça gera descontentamento, ansiedade, agonia.

Mantenha seus armários organizados, seu quarto, sua casa, seu local de trabalho limpos e arrumados. Cuide de suas coisas.

Sugiro, inclusive, que passemos a adotá-la como nosso corpo. Não estou aqui falando de um corpo com medidas preestabelecidas, nem da ditadura de padrões de medida, mas não podemos admitir o desleixo, o descuido com a beleza.

Nossa aparência é muito importante para nossa autoestima, nosso bem-estar... Ela é a primeira coisa que vemos quando nos olhamos no espelho e também é a primeira coisa que as pessoas veem quando nos olham.

Você está feliz com sua aparência, com seu corpo, com seu peso?

O que você poderia fazer para se tornar uma pessoa mais bonita para seus olhos? Uma mudança de estilo? De penteado? Um tratamento de pele? Um tratamento dentário? Uma dieta?

Procure cuidar de sua beleza. Vista-se bem. Cuide de sua aparência e cuide de suas emoções. Mantenha-se uma pessoa bonita por dentro e por fora. Isso vai ajudar você a sentir-se cada vez melhor, mais feliz.

Acredite: a beleza abre portas!

Passos para a Mudança

20 – Livrar-se do Medo

Faça a coisa que teme e a morte do medo é certa.
Ralph Waldo Emerson – filósofo

Diz-se que, mesmo antes de um rio cair no oceano, ele treme de medo. Olha para trás, para toda a jornada, os cumes, as montanhas, o longo caminho sinuoso através das florestas, através dos povoados, e vê à sua frente um oceano tão vasto que entrar nele nada mais é do que desaparecer para sempre. Mas não há outra maneira. O rio não pode voltar. Ninguém pode voltar. Voltar é impossível na existência. Você pode apenas ir em frente. O rio precisa se arriscar e entrar no oceano. E somente quando ele entra no oceano é que o medo desaparece. Porque apenas então o rio saberá que não se trata de desaparecer no oceano, mas tornar-se oceano. Por um lado é desaparecimento, e por outro lado é renascimento. Assim somos nós. Só podemos ir em frente e arriscar. Coragem! Avance firme e torne-se Oceano!
Osho

O medo e a preocupação mandam para o subconsciente a informação de que seus desejos não podem ser realizados. Mas o medo é apenas um pensamento em sua mente. Ocorre que, mesmo sendo só um pensamento, ele é o maior inimigo do homem.

Atendi uma *coachee*[3] que trabalha com vendas e depende da prospecção de clientes para prosperar nos negócios. Ela me procurou porque gostaria de vender mais e alcançar um novo nível de posição na empresa que representa.

---
3. *Coachee* é um cliente que utiliza os serviços de *coaching* para atingir determinado(s) objetivo(s).

Como ela trabalha com produtos de suplementação celular, indiquei que visitasse um amigo que é médico e que trabalha com nutrição. Passada uma semana, quando voltamos a nos reunir, ela me disse que não teve coragem de fazer a ligação. Ela me disse que só de pensar em ligar seu corpo encolhia, sua barriga retorcia, seus nervos se contraíam, ela sentia enjoos e só pensava em desistir. A causa de todos esses sintomas era o medo: medo de rejeição, medo de não ser bem compreendida, medo de não conseguir expor os produtos e inúmeros outros medos.

Eu pergunto, quem nunca passou por isso? Todos nós sentimos medo de alguma coisa: medo de reprovar nos testes, medo da solidão, medo de nadar, medo de andar de bicicleta, medo de dirigir...

E quantos vendedores têm medo de vender? Inúmeros, eu me arrisco a dizer que a grande maioria deles!

A verdade é que, para alcançarmos o sucesso, temos de superar nossos medos. Não existe outra forma.

Fizemos toda uma sessão para identificar a origem do medo e trabalhar a coragem para ela fazer a ligação. Usei uma técnica que adoro, que é imaginar o que de pior, do pior, do pior, do pior pode acontecer e encontrar mentalmente uma solução para cada uma dessas situações.

Eu fiz com que ela vivenciasse cada uma das piores situações possíveis e me dissesse o que, estava sentindo. É claro que durante o exercício ela suou frio, tremeu, quase chorou, mas no final chegou à conclusão de que, por pior que fosse a resposta dele, ela estaria preparada para lidar com a situação.

Então, se você tem medo de algo sugiro que faça esse exercício. Você verá que se mentalmente for capaz de enfrentar seus medos, certamente você saberá enfrentar qualquer situação na vida real.

Enquanto você não lidar com seus medos, você estará impregnando seu subconsciente com imagens de dor, sofrimento, desespero, doença e escassez. Estará impregnando seu subconsciente com mensagens de que não é capaz até que essa informação se torne realidade.

A vida exige uma enorme coragem. Os covardes apenas existem, não vivem, porque toda a vida deles é orientada pelo medo, e uma vida orientada pelo medo é pior do que a morte. Aqueles que não têm coragem morrem várias vezes antes de sua própria morte, morrem em vida...

Se você está agarrado à sua covardia, permanecerá confinado em seu pequeno mundo, quase que em uma prisão, constituída por você mesmo.

Você vai colher no futuro somente aquilo que semear hoje: os frutos de sua coragem ou de sua fraqueza!

Em vez de medo, encha-se de coragem. Todas as pessoas deveriam se munir de coragem e ir atrás de seus desejos.

É claro que todos nós temos dias cinzas, todos nós temos dores, traumas, tristezas acumuladas.

Mas não podemos nunca deixar de correr atrás de nossos sonhos. Entre o sonho e a realidade só existem: o medo, a insegurança e, muitas vezes, a comodidade.

Se está vivendo uma vida medíocre, crie coragem de ir em busca de seu sonho.

Se o caminho estiver muito difícil, tente mudar a rota, mas não desista.

O pior de nos acomodarmos com nossas vidinhas mais ou menos é saber em um futuro próximo que, se tivéssemos tentado, teríamos conseguido, mas, por não termos tomado nenhuma atitude, a vidinha será sempre mais ou menos.

Só com iniciativa você poderá mudar o rumo de sua vida, então deseje uma vida nova, seja perseverante, dedique-se ao seu propósito. Com um plano de ação bem definido você pode voar alto!

A cada experiência em que encara o medo de frente, você ganha mais força e se torna mais autoconfiante. Comece agora a planejar os próximos passos para sua transformação!

É preciso saber quando uma etapa chega ao final e reconhecer que muita coisa que você está vivendo já não se encaixa mais em sua vida. Feliz daqueles que percebem que mudar é preciso e que têm a coragem de mudar!

Mudar faz parte da evolução, e quando falamos em mudanças, estamos falando de libertação, de deixar uma vidinha sem propósito para trás e ver o mundo sob uma nova perspectiva.

Grande parte do peso que carregamos em nossos ombros não passa de coisas que nós mesmos escolhemos carregar. Liberte-se de tudo aquilo que não acrescenta nada e leve com você apenas a coragem de mudar.

Dizem que, se vamos atravessar o deserto, o ideal é que façamos isso com pouca carga. Então livre-se de seus medos!

Aprenda a correr riscos. Prefira a coragem de fazer ao eterno arrependimento de não ter feito. Seja corajoso! Não sacrifique mais sua vida!

Pode ter a certeza de que, daqui a alguns anos, você estará mais arrependido pelas coisas que não fez do que pelas que fez.

Ninguém além de você é capaz de viver seus sonhos.

Tenha coragem de seguir o que seu coração e sua intuição dizem. Eles sabem direitinho o que você realmente deseja. E não tenha medo de falhar, aproveite a oportunidade e livre-se desse medo também. Melhor tentar e falhar que simplesmente ver a vida passar.

Se o que você está percorrendo é o caminho de seus verdadeiros sonhos, comprometa-se com ele. Assuma seu caminho. Mesmo que precise dar passos incertos, mesmo que saiba que pode fazer melhor o que está fazendo. Não importa, dê um passo de cada vez. É melhor o feito, ainda que imperfeito, que o não feito.

Se você começar sua caminhada da transformação, certamente colherá os frutos positivos dessa atitude, mas se nada fizer, nada vai mudar em sua vida.

Diz o ditado que o homem só pode descobrir novos oceanos se tiver coragem de perder a terra de vista. Então, vamos embora navegar no mar azul.

No fim das contas é com você, ninguém vai fazer em seu lugar. TUDO SE RESUME A VOCÊ! ARRISQUE-SE!

Passos para a Mudança

21 – Princípio da Ruptura

*Penso 99 vezes e nada descubro.
Deixo de pensar, mergulho no silêncio e a verdade me é revelada.*
Albert Einstein

Os problemas significativos que enfrentamos não podem ser resolvidos no mesmo nível de pensamento em que estávamos quando o criamos.
Albert Einstein

Se você está vivendo um momento de grande crise, é preciso que você se acalme. Sua mente não vai encontrar a solução para o problema que está vivendo se você estiver estressado.

A própria ciência já comprovou que nossos *insights* e soluções só aparecem quando nos colocamos em estado de relaxamento; denominou esse processo de *princípio de ruptura*.

Quando perceber que está vivendo um momento de muito estresse, você deve buscar fazer algo totalmente diferente para se afastar do problema: caminhar, brincar com o cachorro, tomar uma ducha, tirar um cochilo, ouvir uma música relaxante ou fazer qualquer coisa que dê a sensação de prazer. Isso provoca uma reorganização mental, com a mente organizada você será capaz de obter a resposta para o problema que estiver passando. O segredo é parar de analisar e se afastar totalmente dos pensamentos estressantes.

Trabalhei com um advogado que me dizia que todas as vezes que estava perto de enlouquecer de tanto trabalhar ele descia e dava três voltas na quadra. Eu passei a adotar essa técnica e, acredite, funciona mesmo. Todas as vezes que estava estressada e não achava a solução para um problema, eu descia, dava umas voltas e tomava um café. Na volta, sempre achava uma solução.

Quando estamos focados em um problema, só vemos o problema, mas no momento em que nosso cérebro se acalma, imediatamente nos sentimos melhor. Então, se você está empacado com um problema, procure esquecê-lo por um tempo. O melhor a fazer é dar uma volta, tomar um café e arejar a cabeça. Se puder, tire férias e viaje, tire o foco do problema por alguns dias, mas, se não for possível, três voltas no quarteirão também serão bem úteis.

Einstein estava certo... Os problemas que enfrentamos não podem ser resolvidos no mesmo nível de pensamento em que estávamos quando o criamos...

É preciso relaxar!

Passos para a Mudança

22 – Visualização e Afirmações

Imaginação é tudo. É a prévia das atrações futuras.
Albert Einstein

Pensar é o trabalho mais pesado que há, e talvez seja essa a razão para tão poucos se dedicarem a isso.
Henry Ford

Pedi e vos será dado. Batei e a porta se abrirá, pois todo aquele que pede recebe.
Mateus, 7:8

A maneira como pensamos, sentimos e acreditamos determina nosso destino.

Como já vimos até aqui, a construção de uma vida plena começa com a compreensão de que as informações que mandamos para o subconsciente são responsáveis por nossa saúde, por nossa prosperidade e felicidade.

Através da visualização consciente, podemos moldar nosso futuro.

Pesquisadores descobriram que sonhar acordado estimula a criatividade e ajuda na solução de problemas, além de nos manter focados na busca de nossos objetivos.

Você pode visualizar seu futuro através de sua imaginação. Sua realidade começa com seus pensamentos. É nossa capacidade de conduzir nossos pensamentos que vai determinar nosso futuro.

Para começar a criar a vida que desejamos viver de maneira consciente, precisamos visualizar internamente o que desejamos que aconteça. Isso começa a programar nossa mente para alcançar aquela meta.

Todos nós já ouvimos falar do "poder que temos", principalmente por meio da Bíblia.

Recentemente foram descobertos antigos manuscritos, atribuídos ao profeta Isaías, e também textos essênios, escritos há mais de 2.500 anos. Eles descrevem a existência de muitos futuros possíveis para cada momento de nossas vidas e que, na maioria das vezes, escolhemos inconscientemente. Cada um desses futuros permanece em estado de repouso até que seja despertado por uma decisão feita no presente.

As informações contidas nesses manuscritos estão sendo objeto de estudo pela Física Quântica, que começou a compreender que podemos escolher conscientemente o tipo de futuro que desejamos viver e podemos fazer isso através do que o pesquisador Greg Bradden chama de "prece científica". Gregg se dedica há mais de vinte anos a estudar de onde se origina a vida e o poder que temos de criar a realidade que desejamos viver.

Greg conta que nos anos 1990 a Califórnia enfrentava uma grande seca, e ele foi convidado por um amigo para ir a um local sagrado no deserto para pedir pela chuva. Ele conta que caminhou por vários quilômetros com seu amigo no deserto e finalmente chegaram a um local onde um círculo de pedra havia sido desenhado. Seu amigo tirou os sapatos e entrou descalço no círculo. Ele fechou os olhos e saudou seus ancestrais. Depois de 30 segundos ele deixou o círculo, olhou para Greg e disse que já tinha feito sua prece. Greg então perguntou se ele havia pedido pela chuva. Ele disse: "Não, se eu rezar pela chuva, não choverá. Porque quando rezamos para alguma coisa acontecer é porque sabemos que não está acontecendo. Então, se quisermos mudar uma situação, temos de sentir a coisa que desejamos acontecendo. Ao entrar no círculo, fechei meus olhos e senti o que sinto quando ando descalço na lama de meu vilarejo. A lama está lá porque há muita chuva. Eu senti o cheiro que sinto quando a chuva cai nas paredes de barro, e senti o que se sente quando se corre pelos campos de milho e o milho cresceu muito alto porque choveu muito, agradeci pela chuva que já caiu!".

A chave para se obter o resultado que desejamos está na habilidade de sentirmos que nosso desejo já foi realizado. A Bíblia diz: *E tudo quanto pedirdes em oração, crendo, recebereis...*

Segundo os textos essênios de 2.500 anos atrás, os eventos externos são o reflexo de nossas crenças internas. Por essa razão, pensamentos e sentimentos devem estar alinhados. Nossas emoções devem estar alinhadas com nossos desejos. Devemos experimentar no agora aquilo que desejamos que aconteça em nossas vidas. Imaginar no momento presente que aquilo que desejamos é real. Devemos sentir que é real!

Podemos visualizar nosso futuro através de nossa imaginação. A realidade começa com nossos pensamentos. Você pode visualizar qualquer circunstância que deseje viver. Isso vai fazer com que você crie sua própria realidade porque o Universo se ajusta com seu padrão de pensamento.

Quando nos dedicamos a pensar naquilo que realmente desejamos, perdemos a noção de tempo e espaço, as coisas parecem reais. É exatamente nesse momento que entramos no campo quântico. É nesse momento que tornamos os pensamentos realidade.

Pensamentos, sentimentos e emoções, quando se fundem em uma única força, podem alterar o DNA das células, podemos reagrupar os átomos da matéria, é um momento quântico!

Estamos criando nosso futuro em todos os instantes, mas na maior parte do tempo inconscientemente.

A intenção deste livro é mostrar que podemos criar a nossa realidade de maneira intencional, de maneira consciente, do jeito que desejamos que aconteça. É nossa intenção que faz as coisas se materializarem. Para isso precisamos observar nossos pensamentos. Pensar conscientemente requer dedicação e percepção.

Pensar conscientemente é colocar nossa intenção naquilo que queremos realizar, e esse processo é idêntico ao da oração.

Passos para a Mudança

23 – Inteligência Emocional

Quem tem sucesso é quem se levanta e procura as circunstâncias que deseja e, quando não consegue encontrá-la, trata de criá-las.
George Bernard Shaw

Nós fomos educados para desenvolver o intelecto. Aprendemos a ir para a sala de aula e ficar sentados por várias horas quietinhos, só ouvindo, sem nos manifestarmos, e isso por décadas.

Desde nossa infância fomos muito estimulados a pensar, aprendemos matemática, física, química, biologia, história, geografia, e com todos esses ensinamentos desenvolvemos nossa inteligência intelectual, nossa capacidade lógica, estratégica.

Só de algum tempo para cá que tomamos a consciência de que, além do aspecto da inteligência, também devemos desenvolver nossa inteligência emocional.

Nossa inteligência emocional foi pouco desenvolvida. Era como se fosse meio proibido sentir...

Eu não podia ficar triste nem zangada. Lembro-me de minha mãe dizendo: "Engole o choro, menina!". E quando eu estava alegre demais, minha mãe dizia: "Viu passarinho verde? Por que tanta alegria?". Como se fosse inadequado me sentir feliz...

Tenho certeza de que muitas pessoas ouviram a mesma coisa de seus pais. Entenda, não estou culpando minha mãe, ela apenas trouxe com ela um condicionamento de gerações sem jamais questioná-lo.

Essa repressão nos leva a deixar de expressar nossas emoções, gerando um descompasso entre o que pensamos e sentimos.

E o tempo vai passando, ficamos mais velhos e muitas vezes nem conseguimos entender nossas emoções; por que sentimos raiva, mágoa, tristeza, desânimo, alegria, entusiasmo? O que libera o gatilho dessas emoções?

Muitas vezes ,o que sentimos não é o que queremos sentir, e o que fazemos não é o que queremos fazer. A vida fica desequilibrada, vira um fardo. Nossa mente fica cansada com o turbilhão de pensamentos de insatisfação, muitas vezes gerando doenças no corpo físico.

A inteligência emocional consiste em desenvolvermos nossa capacidade de administrar nossos sentimentos, manter nossas emoções equilibradas, olhar a vida sob uma ótica mais positiva...

Inteligência emocional é a capacidade de administrar nossas emoções com a finalidade de atingir nossos objetivos. É a aptidão de administrar nossos pensamentos sobre nossas emoções. É a competência de racionalizar as emoções. Quem tem inteligência emocional geralmente é confiante, sabe trabalhar na direção de suas metas, é adaptável, flexível e se recupera rapidamente de situações menos favoráveis.

O modo como gerenciamos as emoções pode ter um papel crítico para determinar nossa felicidade e nosso sucesso. O modo como controlamos nossas emoções tem repercussões em todos os aspectos de nossa vida.

Quem pensa com clareza tem um ótimo nível de autoconhecimento, é capaz de identificar suas fraquezas e sabe qual caminho para superá-las.

Quem pensa com clareza é capaz de tomar atitudes sensatas e produtivas e jamais permite que suas emoções dominem quando forem prejudiciais.

Reagir no piloto automático para as coisas que nos acontecem de ruim, sem que paremos para pensar a respeito, não é uma escolha, é uma prisão.

Temos de aprender a analisar nossos sentimentos, que gatilhos mentais eles disparam. Quando passamos a observar o que acontece em nossa mente, que pensamentos estão por trás das emoções, saímos imediatamente do piloto automático e passamos a exercer o controle de nossos atos. Deixamos de agir sem refletir.

Se você conseguir navegar bem em suas emoções, será capaz de tomar as melhores decisões sempre.

Passos para a Mudança

24 – Inteligência Espiritual: Religião X Espiritualidade

A religião é um instrumento de controle social, de prevenção, um modo de conter a criminalidade juntamente com os tribunais e prisões... O mundo é uma grande tela sobre a qual projetamos os fantasmas de nossa vida. Além de nós não há nenhuma força, conhecida ou desconhecida, natural ou sobrenatural, que possa influenciar nosso destino. Qualquer evento de nossa vida, antes de se manifestar, deve ter nosso consentimento.
Dreamer – Escola dos Deuses

A espiritualidade esteve ligada às religiões por muito tempo e, por essa razão, fazemos muita confusão. Espiritualidade não tem nada a ver com dogmas religiosos, mas, sim, com nossa essência.

Sempre quis saber quem era aquele Deus para quem tínhamos de rezar à noite e que nos dava o pão nosso de cada dia.

Fui criada para respeitar todas as religiões. Então, saiba que eu respeito sua crença religiosa, seja ela qual for, embora hoje não siga mais nenhuma doutrina.

Entendo que minha jornada espiritual foi bem interessante. Se eu não tivesse seguido essa trajetória, certamente não estaria aqui hoje escrevendo este livro.

Minha família nunca teve uma predileção religiosa. Fui criada para ter fé e acreditar em Deus. Desde pequena ia à missa, a sessões espíritas, a sessões de Umbanda e a cultos evangélicos. Como você pode imaginar, isso me causou uma grande confusão.

Na Igreja Católica, descobri que os santos nos ajudam e operam milagres. Também aprendi que quase tudo era pecado e que depois da morte iria redimir todos eles e morar no reino dos céus.

No Espiritismo, descobri a reencarnação e o carma de outras vidas que resgatamos na vida que estamos vivendo agora.

Na Umbanda, fui apresentada aos orixás, e os médiuns incorporavam os espíritos que já haviam vivido anteriormente aqui na Terra e nos aconselhavam nas dificuldades do dia a dia.

Na Evangélica, descobri que não existem santos, que não devemos cultuar imagens, que não existe vida após a morte e que devemos firmar nosso propósito diretamente com Deus e que os espíritos que os médiuns incorporam são demônios.

Eram tantas informações desconexas que eu me questionava: o que era certo e o que era errado, afinal?

Comecei então a busca por minha verdade espiritual. Aos 12 anos busquei o Brahma Kumaris. Lá descobri a meditação. A evolução do espírito. Aos 15, trabalhava com cristais e radiestesia, frequentei a Igreja Messiânica, estudei os preceitos da Seicho-no-Ie, li sobre o Budismo, estudei sobre a Fraternidade Branca. Frequentei tarólogos, fiz meu mapa astral. Fiz terapia de regressão. Considerava-me espiritualista. Minha doutrina era um pouco de cada coisa que eu acreditava.

Um marco em minha vida espiritual aconteceu quando eu morava em Brasília e ouvi falar de uma cidade chamada Alto Paraíso, situada na Chapada do Veadeiros, no Estado de Goiás. A cidade era conhecida internacionalmente como um local sagrado. A maior parte da população local era de pessoas que tinham migrado para lá com a finalidade de viver uma vida mais espiritualizada.

Lembro-me de que em determinado fim de semana fiz uma mala, peguei um mapa (naquela época não existia GPS) e rumei sozinha para lá. Fui no instinto, não fiz reserva nem nada. Decidi que iria me hospedar onde eu sentisse uma energia que combinasse com a minha.

Cheguei à cidade e vi uma pousada que se chamava *Renascer na Luz*. Achei interessante e entrei. Na porta, estava sentado um gringo que me recepcionou. Ele não falava português. Eu perguntei se ele era o dono da pousada, ele disse que não, que era apenas um hóspede, mas me disse que eu poderia escolher um quarto e pegar as chaves que ficavam penduradas na recepção, simples assim. Não havia recepcionista nem balconista, era uma espécie de "autosserviço". Cada um que chegava não era considerado hóspede, mas, sim, um visitante. Ele me disse que a dona da pousada estava dando um curso no salão e eu poderia ir até lá. Gostei daquela novidade. Assim fiz.

Escolhi meu quarto, peguei minhas chaves, instalei minha bagagem e depois fui até o salão. A dona da pousada se chamava *Bel*, ela e as outras pessoas me receberam com um sorriso e disseram que estavam me esperando. Pensei comigo: esperando como, se nem eu sabia que viria?

Enfim ela me explicou que havia canalizado que alguém chegaria. Pois bem, era eu, achei graça e acabei fazendo o curso. Nem sabia do que se tratava, mas entrei no clima. Era uma iniciação em Reiki, um curso de cura pelas mãos.

Foi um lindo fim de semana de muita paz e equilíbrio. Nesse curso conheci uma pessoa maravilhosa que veio a se tornar minha melhor amiga, Claudia Drumond; ela, assim como eu, procurava encontrar respostas.

Durante alguns anos trabalhávamos durante a semana em Brasília e nos finais de semana partíamos para nossas buscas espirituais em Alto Paraíso. Cada uma, a seu modo, conseguia separar com maestria a vida profissional da vida espiritual. Durante a semana éramos profissionais exemplares, eu advogada e ela, profissional de carreira da Marinha do Brasil. Nos finais de semana, buscadoras de nossa essência. Tornamo-nos irmãs de coração.

O trajeto durava cerca de três horas. Revezávamos os carros; em um fim de semana íamos com meu carro, em outro com o dela. Lembro-me de um episódio muito engraçado que virou um marco em nossas viagens. Eu, apesar de espiritualista, era preocupada em dar carona e nunca dava, mas Cláudia não se incomodava nem um pouco com isso. Ela só via o bem nas pessoas e, com toda a sua bondade, sempre que era a vez de irmos com o carro dela, ela sempre punha um passageiro extra no carro. Naquela época quase não passavam ônibus e muitas pessoas andavam por horas de uma cidade à outra. Até que um dia ela deu carona para um senhor que não tomava banho nem trocava de roupa, acredito eu que por meses. Passamos cerca de duas horas com um tremendo mau cheiro dentro do carro, que impregnou os bancos. Mal conseguíamos respirar. Abrimos as janelas do carro e o vento só ajudava a circular o cheiro. Hoje, damos longas risadas quando nos lembramos disso.

Os finais de semana eram regados a banhos de cachoeira, caminhadas, comida vegetariana, amigos, música e as noites mais estreladas que meus olhos puderam ver até hoje.

A Chapada dos Veadeiros é um lugar de beleza mágica. Lá vivi muitos momentos inesquecíveis. Conheci as pessoas mais malucas e também as mais sãs. As festas eram sempre divertidas, lembro-me do cheiro de incenso no ar, das velas acessas, das pessoas vestidas em trajes *hippies*, das músicas. Ouvíamos Yanni, Enya, Era, Loreena McKennitt. Todos estavam em busca de algo maior. NÓS QUERÍAMOS CONHECER DEUS!

Eu e Cláudia estudamos juntas sobre o alinhamento de chacras, sobre a cura pelas mãos, entoávamos mantras, viajávamos em um universo de luz, fazíamos conexões com nossas famílias planetárias, frequentávamos as reuniões do Aldomon e estudávamos os artigos da Sociedade dos Voluntários do Comandante *Ashtar Sheran* (responsável pela Confederação Galáctica e pelo comando das naves estelares prateadas); estudávamos as chaves de Enoch, meditávamos para a cura do planeta, seguíamos as teorias de alquimia do Mestre Saint Germain, harmonizávamos nossas casas com Feng Shui e buscávamos respostas na astrologia e no calendário maia. Em resumo: todos achavam que éramos loucas e que devíamos fazer uso de entorpecentes, mas nada disso; por mais incrível que isso possa parecer, éramos muito sãs.

Éramos duas mulheres normais na sociedade, também sabíamos nos produzir para frequentar as baladas de Brasília, íamos a festa, bares, restaurantes. Nossa vida era bem divertida.

Até que a Cláudia recebeu uma ordem de transferência da Marinha para o Rio de Janeiro e perdi minha amiga de jornada. Fiquei muito sozinha. Espacei cada vez mais minhas idas a Alto Paraíso, até que deixei de ir.

Hoje em dia está muito em alta a questão da "sororidade" feminista. Sororidade é a aliança entre mulheres. A palavra sororidade não existe na língua portuguesa. No dicionário, encontramos apenas a palavra fraternidade, descrita como: solidariedade de irmãos, harmonia entre os homens.

Ambas as palavras vêm do latim, sendo *sóror* irmãs e *frater* irmãos, mas, em nossa linguagem usual, ficamos apenas com a versão masculina do termo.

Aprendemos na sociedade patriarcal que as relações harmoniosas são possíveis de se concretizar somente entre homens, mas isso não é verdade. Mulheres, quando se apoiam, encontram umas nas outras um vínculo de irmandade muito profundo. Eu e Cláudia temos essa ligação até hoje, são mais de 20 anos de amizade.

Quando ela se mudou, passei por uma terrível crise de depressão. Claro que não foi só porque sentia falta de minha amiga, mas, sim, porque sempre fui uma buscadora de Deus, e eu havia me perdido d'Ele na minha jornada. Sentia um enorme vazio existencial. Eu perdi a vontade de tudo. Já não acreditava mais em nada. Pensava que, se Deus realmente existisse, ele tinha de entender o que eu estava passando e me levaria para sua morada, pois a única certeza que eu tinha era que de que não queria mais viver.

Lembro-me de ter consultado uma taróloga e ela recomendou que eu frequentasse um centro de Umbanda. Nele fui recebida com muito carinho e amor. Lá, passei por um tratamento que me ajudou a sair daquela tristeza e me fez acreditar que valia a pena viver e ser feliz novamente.

Passados alguns meses, continuei frequentando a casa e fui convidada para participar das sessões como membro do grupo. Lá, desenvolvi minha espiritualidade e passei a perceber a presença de algumas entidades que me acompanham até hoje em minha jornada. Como médium, "toquei" o fenômeno. Pude canalizar as informações muito amorosas de meus guias. Trabalhei nessa casa por muitos anos, até que tive de mudar de cidade. Voltei para São Paulo, tentei buscar um novo centro espírita para frequentar, mas não me adaptei a nenhum dos que busquei.

Eu sabia que minha evolução não podia parar naquele momento. Então, pedi do fundo de meu coração que meus guias me encaminhassem a algum lugar onde eu pudesse continuar minha trajetória espiritual.

E agora você vai entender um pouquinho de como funciona a sincronicidade do Universo. Quando você está alinhado com seus desejos, eles começam a se materializar das formas mais incríveis.

Estava trabalhando em um local onde o trânsito era insuportável na hora do *rush*. Decidi me matricular em uma academia de ginástica, assim me livrava do trânsito diário e ainda ficava em forma...

Enfim, matriculei-me na academia e comecei a frequentar as aulas de ioga. Na segunda aula, a professora, "por alguma razão", enxergou em mim algo que a fez se aproximar e me convidou para um retiro xamânico que aconteceria naquele fim de semana em Ilhabela, no litoral de São Paulo. Entendi a resposta do Universo e aceitei o convite. Afinal, estava sendo chamada para uma experiência espiritual, partindo de uma academia de ginástica; era algo muito inusitado.

Foi uma experiência maravilhosa. Cris é uma pessoa muito carinhosa e cuidadosa, que acabou se tornando uma amiga. Ela preparou um círculo com flores, velas e incensos nas areias de uma praia mais retirada da ilha. Passamos a noite na praia, sob a luz das estrelas. Havia a energia do mar e da Mata Atlântica que predomina naquela região e o som de tambores e instrumentos xamânicos. Foi um ritual muito bonito.

Durante a jornada, reconheci um de meus guias, que na Umbanda aparecia para mim como um Caboclo e agora se apresentava como um índio norte-americano, um xamã.

Percebi que meus guias nunca iriam me abandonar. Eles só iam se apresentar de uma forma um pouco diferente.

Foi uma jornada maravilhosa. Entendi que tudo faz parte de um ciclo perfeito. O dia e a noite, o claro e o escuro. O bem e o mal. Tudo estava conectado. Eu precisava daquela evolução.

Passei então a frequentar as reuniões do grupo. É um grupo harmônico e muito amoroso que me auxiliou demais em meu caminho. Iniciei-me em Magnified Healing, uma ferramenta de cura do corpo, do DNA e do planeta.

Foi nessa época que pedi demissão da empresa e fui morar na praia para viver um período sabático. Minha intenção era me reconectar com minha essência. Eu tinha a certeza de que existia uma força, um poder maior, com o qual eu estava conectada.

Foi um período de grande evolução. Li muito sobre neurociência, Física Quântica e Espiritualidade, e com tudo isso eu ainda sentia falta de uma certeza absoluta sobre quem era Deus de verdade.

Minha avó materna, dona Sebastiana, dizia que eu chorava muito quando criança porque eu era uma alma antiga dentro de um corpo impotente de bebê. Cresci ouvindo-a falar do quanto Deus era bondoso e que Ele podia nos ouvir e nos entender. Minha avó dizia que Ele era Onipresente, Onipotente e Onisciente. Eu queria entender como era possível aquilo... Como seria possível Deus ouvir todas as pessoas do mundo falando ao mesmo tempo? Hoje, entendo Deus exatamente assim, como presente em absolutamente tudo.

Hoje, entendo a Unicidade. Entendo que tudo é feito da mesma coisa: energia. Tudo é energia! Cada pensamento em nossa mente é energia divina que nos permite pensar.

A Física Quântica define que tudo no Universo é formado de partículas subatômicas de escalas inimaginavelmente pequenas que viajam tão rapidamente no espaço e permitem que elas estejam em vários lugares ao mesmo tempo. Essas partículas são formadas de energia inteligente. É a Onipresença!

Então, entendi que, se Deus está presente em todas as partículas, EU SOU una com DEUS, pois Ele está em mim e em todos os lugares ao mesmo tempo. DEUS é o Universo em toda a sua essência. Pude perceber Deus onipresente, onipotente e onisciente. E depois de uma longa jornada entre as mais diversas religiões, foi a ciência que me convenceu de que Deus existe.

DEUS é UNICIDADE! Toda a energia do Universo é formada de pequenas partículas de Deus. Eu sou formada de pequenas partículas de DEUS; você é formado de pequenas partículas de DEUS; e tudo no Universo é formado de pequenas partículas de DEUS. DEUS está em todos os lugares. Eis aí no que acredito hoje: DEUS É TUDO!

E mesmo que você siga uma religião, é importante que entenda que a religião vem de fora, já a espiritualidade vem de dentro, é o despertar de nossa consciência individual e de uma conexão com a sabedoria universal.

O ser humano se esqueceu de quem é e se identificou apenas com seu corpo, seu ambiente, pensa que é um ser material. Nos esquecemos de que somos seres espirituais. A religião se vale desses sentimentos para arrebatar seguidores. As pessoas vão às igrejas para sentir um pouco de conforto; lá se sentem completas, mas voltam para casa e se deparam novamente com o vazio existencial.

Precisamos despertar para a espiritualidade, prestar atenção no que diz nosso coração, prestar atenção em nossa verdade pessoal, ter mais fé e mais confiança em nosso poder pessoal, acreditar na divindade que somos.

Pierre Teilhard de Chardin foi um padre jesuíta, teólogo, filósofo e paleontólogo francês que tentou construir uma visão integradora entre ciência e teologia. Para ele:

A religião não é apenas uma, são centenas. A espiritualidade é apenas uma.

A religião é para os que dormem. A espiritualidade é para os que estão despertos.

A religião é para aqueles que necessitam que alguém lhes diga o que fazer e querem ser guiados. A espiritualidade é para os que prestam atenção à sua Voz Interior.

A religião tem um conjunto de regras dogmáticas. A espiritualidade o convida a raciocinar sobre tudo, a questionar tudo.

A religião ameaça e amedronta. A espiritualidade lhe dá paz interior.

A religião fala de pecado e de culpa. A espiritualidade lhe diz: "aprenda com o erro".

A religião reprime tudo, torna você falso. A espiritualidade transcende tudo, torna-o verdadeiro!

A religião não é Deus. A espiritualidade é Tudo e, portanto, é Deus.

A religião inventa. A espiritualidade descobre.

A religião não indaga nem questiona. A espiritualidade questiona tudo.

A religião é humana, é uma organização com regras. A espiritualidade é Divina, sem regras.

A religião é causa de divisões. A espiritualidade é causa de união.

A religião lhe busca para que acredite. Já a espiritualidade, você tem de buscá-la.

A religião segue os preceitos de um livro sagrado. A espiritualidade busca o sagrado em todos os livros.

A religião se alimenta do medo. A espiritualidade se alimenta na confiança e na fé.

A religião faz viver no pensamento. A espiritualidade faz viver na consciência.

A religião se ocupa com fazer. A espiritualidade se ocupa com ser.

A religião alimenta o ego. A espiritualidade nos faz transcender.

A religião nos faz renunciar ao mundo. A espiritualidade nos faz viver em Deus, não renunciar a Ele.

A religião é adoração. A espiritualidade é meditação.

A religião sonha com a glória e com o paraíso. A espiritualidade nos faz viver a glória e o paraíso aqui e agora.

A religião vive no passado e no futuro. A espiritualidade vive no presente.

A religião enclausura nossa memória. A espiritualidade liberta nossa consciência.

A religião crê na vida eterna. A espiritualidade nos faz conscientes da vida eterna.

A religião promete para depois da morte. A espiritualidade é encontrar Deus em nosso interior durante a vida.

Do mesmo modo que Teilhard, acredito que não somos seres humanos passando por uma experiência espiritual... Somos seres espirituais passando por uma experiência humana...

Acredito que a ciência pode nos ajudar a mudar essa concepção de separação projetada pelas religiões. A Física Quântica enxerga o mundo como um organismo onde tudo está interconectado. Essa conectividade entre todas as coisas é um componente básico da teia da realidade.

Quando a humanidade conseguir evoluir da religião para a espiritualidade, quando os seres humanos passarem a ser espirituais em vez de religiosos, vamos dar um salto quântico em nossa evolução pessoal.

Passos para a Mudança

25 – Entender Que Somos Seres Divinos

Não posso provar a você que Deus existe, mas meu trabalho provou empiricamente que o "padrão de Deus" existe em cada homem, e que esse padrão é a maior energia transformadora de que a vida é capaz de dispor ao indivíduo. Encontre esse padrão em você mesmo e a vida será transformada.
Carl Gustav Jung

O homem precisa se tornar um deus. A menos que o homem se torne um Deus, não poderá haver nenhum preenchimento, nenhum contentamento.
Osho

O Reino de Deus está dentro de vós.
Lucas, 17:21

Quem é você? Quem é você além da aparência? Quem é você além do corpo físico? Quem é você além das crenças? Quem é você além da personalidade, quem é você realmente, essencialmente?

Quem é a suprema força criadora? Onde está e de onde olha a Suprema Força Criadora? Como ela se manifesta?

Quem cria tudo o que você vive? Quem cria as experiências que você vive, sejam experiências de saúde ou de doença, seja algo emocional ou físico, escassez ou prosperidade, alegria ou sofrimento, quem cria? Quem é que gera tudo o que você vive?

Essas perguntas me foram feitas por meu amigo João de Deus, nas duas primeiras sessões terapêuticas que ele fez comigo, no início do ano de 2013.

A resposta que me vinha parecia uma blasfêmia: EU SOU DEUS!

Eu pensava: como posso ser Deus se estou passando por um monte de problemas em minha vida? Não, essa resposta não faz o menor sentido...

Comecei a rever todos os meus conceitos sobre espiritualidade.

A maioria das pessoas, quando pensa em Deus, imagina uma figura de barba branca sentada em uma poltrona no céu, que fica vigiando a raça humana e fazendo anotações o tempo todo, registrando a vida de cada um, avaliando cada passo que damos e julgando se estamos agindo de acordo com os mandamentos da Igreja, liberando alguns para a vida no paraíso e condenando outros a uma eternidade ao inferno. Que tipo de Deus é esse em que as pessoas acreditam?

Acreditar nisso acarreta um peso enorme na vida das pessoas. Não podemos negar que o medo do julgamento de Deus faz com que milhares de pessoas vivam uma vida limitada, manipulada pelas religiões.

O poder imposto pelas religiões é tão impressionante que, mesmo que uma pessoa deixe de frequentar uma igreja ou uma religião, ela ainda vai viver nos moldes impostos por muito tempo, sem nem ao menos ter a noção disso.

Einstein, quando perguntado se acreditava em Deus, respondeu que acreditava no Deus de Espinoza, que está na harmonia de tudo o que existe. Baruch de Espinoza foi um filósofo do século XVII, considerado o fundador do criticismo bíblico moderno. Foi profundo estudioso da Bíblia e também se dedicou ao estudo de Sócrates, Platão, Aristóteles, entre outros. Espinoza defendeu que Deus e a Natureza são uma coisa só, não havendo distinção entre eles. Eis a definição de Deus segundo Espinoza:

Para de ficar rezando e batendo o peito! O que eu quero que faças é que saias pelo mundo e desfrutes de tua vida.

Eu quero que gozes, cantes, te divirtas e que desfrutes de tudo o que Eu fiz para ti.

Para de ir a esses templos lúgubres, obscuros e frios que tu mesmo construíste e que acreditas ser minha casa.

Minha casa está nas montanhas, nos bosques, nos rios, nos lagos, nas praias. Aí é onde Eu vivo e aí expresso meu amor por ti.

Para de me culpar de tua vida miserável: Eu nunca te disse que há algo mau em ti ou que eras um pecador, ou que tua sexualidade fosse algo mau. O sexo é um presente que Eu te dei e com o qual podes expressar teu amor, teu êxtase, tua alegria.

Assim, não me culpes por tudo que te fizeram crer.

Para de ficar lendo supostas escrituras sagradas que nada têm a ver comigo. Se não podes me ler em um amanhecer, em uma paisagem, no olhar de teus amigos, nos olhos de teu filhinho... Não me encontrarás em nenhum livro! Confia em mim e deixa de me pedir. Tu vais me dizer como fazer meu trabalho?

Para de ter tanto medo de mim. Eu não te julgo, nem te critico, nem me irrito, nem te incomodo, nem te castigo. Eu sou puro amor.

Para de me pedir perdão. Não há nada a perdoar. Se Eu te fiz... Eu te enchi de paixões, de limitações, de prazeres, de sentimentos, de necessidades, de incoerências, de livre-arbítrio.

Como posso te culpar se respondes a algo que eu pus em ti?

Como posso te castigar por seres como és, se Eu sou quem te fez?

Crês que eu poderia criar um lugar para queimar todos os meus filhos que não se comportem bem, pelo resto da eternidade?

Que tipo de Deus pode fazer isso?

Esquece qualquer tipo de mandamento, qualquer tipo de lei; essas são artimanhas para te manipular, para te controlar, que só geram culpa em ti.

Respeita teu próximo e não faz o que não queiras para ti.

A única coisa que te peço é que prestes atenção a tua vida, que teu estado de alerta seja teu guia.

Esta vida não é uma prova, nem um degrau, nem um passo no caminho, nem um ensaio, nem um prelúdio para o paraíso.

Esta vida é o único que há aqui e agora, e o único de que precisas.

Eu te fiz absolutamente livre.

Não há prêmios nem castigos. Não há pecados nem virtudes. Ninguém leva um placar. Ninguém leva um registro. Tu és absolutamente livre para fazer de tua vida um céu ou um inferno.

25 – Entender Que Somos Seres Divinos

Não te poderia dizer se há algo depois desta vida, mas posso te dar um conselho.

Vive como se não o houvesse.

Como se esta fosse tua única oportunidade de aproveitar, de amar, de existir.

Assim, se não há nada, terás aproveitado a oportunidade que te dei. E se houver, tem certeza de que Eu não vou te perguntar se foste comportado ou não.

Eu vou te perguntar se tu gostaste, se te divertiste... Do que mais gostaste? O que aprendeste?

Para de crer em mim – crer é supor, adivinhar, imaginar.

Eu não quero que acredites em mim. Quero que me sintas em ti.

Quero que me sintas em ti quando beijas tua amada, quando agasalhas tua filhinha, quando acaricias teu cachorro, quando tomas banho no mar.

Para de louvar-me!

Que tipo de Deusególatra tu acreditas que Eu seja? Aborrece-me que me louvem. Cansa-me que agradeçam.

Tu te sentes grato? Demonstra-o cuidando de ti, de tua saúde, de tuas relações, do mundo.

Te sentes olhado, surpreendido. Expressa tua alegria! Esse é o jeito de me louvar.

Para de complicar as coisas e de repetir como papagaio o que te ensinaram sobre mim.

A única certeza é que tu estás aqui, que estás vivo, e que este mundo está cheio de maravilhas.

Para que precisas de mais milagres?

Para que tantas explicações?

Não me procures fora!

Não me acharás.

Procura-me dentro... aí é que estou, batendo em ti.

Baruch Espinoza

Assim como Einstein, acredito no Deus de Espinoza. E muitos também pensam assim. Uma velha lenda hindu conta que, em uma época imemorial, todos os homens da Terra eram deuses, mas os homens pecaram e abusaram tanto do Divino que Brahma, o Deus de todos os Deuses, decidiu que a divindade fosse retirada dos homens e escondida em algum lugar onde jamais fosse encontrada.

Um dos deuses disse: "Então, vamos enterrá-la profundamente na terra". Brahma replicou: "Não, o homem pode escavar a terra até encontrá-la".

Outro deus disse: "Então, vamos jogá-la no oceano mais profundo". Brahma não concordou: "Não, o homem aprenderá a mergulhar e um dia vai encontrá-la".

Um terceiro deus sugeriu: "Por que não escondê-la na montanha mais alta?". Brahma então disse: "Não, o homem pode escalá-la. Tenho um lugar melhor. Vamos escondê-la no interior do próprio homem. Ele nunca vai pensar em procurá-la lá".

Durante anos, as religiões pregaram e ainda pregam que Deus está separado de nós e nos ensinaram a transferir o poder Divino para fora de nós.

Enquanto essa percepção não for ressignificada, as pessoas sequer terão noção do próprio poder de criação. O poder pessoal está justamente nessa jornada de saltar da religião para a evolução espiritual.

Enquanto as pessoas acreditarem na punição severa de Deus, enquanto acreditarem que realmente existe um ser todo-poderoso que nos julga, nos governa, nos condena, enquanto se sentirem ameaçadas por essa percepção de "Deus", se permitirão ser manipuladas pelas religiões. Acreditando que foi Deus quem quis, acreditando que nossas vidas estão nas mãos de Deus...

Nas doutrinas religiosas, aprendemos que temos de pedir para Deus, para o papai do céu, para Jesus, para Alá, para Maomé, para os anjos do céu, para os santos... para nos ajudarem a realizar nossos desejos; se devotarmos nossa fé e dobrarmos nossos joelhos, essas criaturas elevadas vão nos salvar de nossos pecados e teremos um lugar reservado no paraíso eterno.

O maior desafio de todas as pessoas que desejam viver essa evolução é deixar de terceirizar a própria vida.

Reza um antigo provérbio que Deus só diz sim. Tudo o que dissermos, Deus dirá sim como resposta.

– Se eu disser: sou um azarado na vida... A resposta de Deus será: sim!

– Se eu disser nunca tenho dinheiro para nada... A resposta de Deus será: sim!

– Se eu disser: Não mereço ser amado... A resposta de Deus será: sim!

– Se eu disser: sou cercado de abundância! A resposta de Deus será: sim!

– Se eu disser: estou em sintonia com o melhor da vida! A resposta de Deus será: sim!

– Se eu disser: sou muito amado e querido por todos que me cercam! A resposta de Deus será: sim!

A resposta de Deus será sempre: sim!

Deus não tem nada a ver com as situações de infelicidade e de doenças existentes no mundo. É a espécie humana que cria a realidade com base em seus pensamentos.

A razão de tanta pobreza, de tantas guerras, de tantas doenças é justamente o fato de a humanidade ter se esquecido de seu poder divino. Autoconhecimento e desenvolvimento pessoal envolvem descobrir sobre nossa real natureza: Deus dentro de nós.

Criamos nossa realidade o tempo todo, consciente ou inconscientemente. E a intenção deste livro é que você seja capaz de entender isso e, acredite em mim, é muito melhor criar conscientemente, com intenção, com propósito, que inconscientemente.

A ilusão de que somos separados de Deus, ou a ilusão de que só os protestantes vão para o reino dos céus, ou só os católicos, ou só os muçulmanos, chega a ser engraçada... Será que existe um céu para cada religião? Um paraíso separado? Olhando daqui debaixo, parece não haver divisões lá em cima...

Estou afirmando que o poder está em você, está em mim, está em cada um de nós. Mas não queremos aceitar nossa grandeza, porque isso implica assumir nossa responsabilidade pessoal sobre tudo o que nos acontece.

Mas não vamos culpar as religiões, elas fazem parte da história da humanidade por causa de nossas inseguranças.

São milênios de informações guardadas no inconsciente coletivo de que Deus está lá fora, separado de nós. Ainda vai levar um tempo para aceitarmos essa ideia de que tudo está conectado e que

Deus não está lá fora, mas, sim, dentro. Que somos seres divinos e que tudo o que existe é permeado da energia divina.

Todas as pessoas são divinas, mas a grande maioria está esquecida de sua divindade. Nossa relação com Deus é inseparável.

Quando afirmamos EU SOU, nos conectamos com nossa essência divina.

Quando afirmamos EU SOU, reconhecemos que existimos em conexão com a essência da vida.

Quando dizemos EU SOU, fazemos vibrar todo o poder da vida em toda a sua infinita gama de possibilidades.

Por isso, é extremamente importante avaliarmos como estamos fazendo uso da expressão EU SOU.

Se você diz EU SOU UM COITADO, EU SOU INCAPAZ, EU SOU UMA PESSOA FRACASSADA, EU SOU UMA PESSOA SOZINHA, EU SOU UMA PESSOA AZARADA, EU SOU UMA PESSOA DESASTRADA... você está afirmando coisas muito negativas sobre sua natureza que colocam-no em total desalinhamento com a essência da vida, o colocam em desalinhamento com seu poder divino. Essas afirmações têm grande poder sobre suas células e conexões neurais, e, ao serem repetidas, serão capazes de colocá-lo em estado de incapacidade e tristeza.

A essência da vida é luz, amor, alegria, harmonia, paz, bem-estar.

Se você diz EU SOU FELIZ, está criando alinhamento com a felicidade. Se você diz EU SOU CAPAZ, está empoderando seu ser. Se você diz EU SOU UMA PESSOA BEM-SUCEDIDA, está criando conexão com seu sucesso pessoal. Se você diz EU SOU UMA PESSOA DE SORTE, está criando situações favoráveis em sua vida.

Precisamos estar bem conscientes das afirmações que fazemos, por isso é extremamente importante avaliarmos como verbalizamos EU SOU.

HOJE EU SOU!

Eu sou feliz e eu sou triste também quando esqueço que sou feliz.

Eu sou a paz e a raiva quando esqueço que sou a paz.

Eu sou a chuva e a seca quando esqueço que sou água.

Eu sou o cuidado e o desdém quando esqueço que devo cuidar e mereço ser cuidado

Eu sou a companhia e a solidão quando esqueço que nunca estou sozinha.

Eu sou o amor e o desamor quando esqueço que o amor é minha essência.

Eu sou o riso e as lágrimas de tristeza quando esqueço que minha essência é a alegria.

Eu sou a beleza e a horripilância quando esqueço de quão bela Eu sou.

Eu sou a prosperidade e a escassez quando me esqueço de quão rica eu sou.

Eu sou a caça e o caçador, o claro e o escuro, o dia e a noite, a vida e após a vida também.

Eu sou eu e você e tudo o que há, e muitas vezes eu também sou o esquecimento de quem Eu sou.

Eu sou Deus e o Diabo quando esqueço de minha divindade.

Eu sou a vida quando estou triste, com raiva, ou agindo com desdém. Também sou a vida quando sou a solidão, o desamor, as lágrimas ou a horripilância. Também sou vida na escassez ou quando ajo feito o Diabo.

Eu sou a vida quando sou feliz, quando sou a paz, quando sou a chuva, quando sou o cuidado, quando sou a companhia, quando sou o amor, quando sou o riso, a beleza, a prosperidade, eu quando sou Deus.

E me aceito e me amo em todas as circunstâncias, porque EU SOU tudo o que há e em tudo o que há EU SOU!

Passos para a Mudança

26 – Entendendo a Consciência Macro, o Campo de Energia

Nossa psique é profundamente afetada por um inconsciente coletivo que nos dá acesso a um vasto reservatório de memórias, englobando toda a experiência humana desde o começo dos tempos.
Carl Gustav Jung

Você tem de ser o espelho da mudança que está propondo. Se eu quero mudar o mundo, tenho de começar por mim.
Mahatma Gandhi

O sofrimento, a pobreza e todos os conflitos do mundo, as perseguições e as chacinas são estados sonhados, obscuramente desejados por uma humanidade que corrompeu gravemente o próprio ser e que não conhece o poder do pensamento... Se o ser humano pudesse reconhecer o poder criativo do próprio pensamento e se perseguisse a beleza e a harmonia com a mesma determinação e por tantos anos quantos dedicou à pobreza e ao sofrimento, poderia transformar o passado e seu destino. O mundo seria um paraíso terrestre... O destino de um homem, de uma organização, de uma nação ou de uma civilização e sua economia são a projeção de seu ser, de sua visão.
Dreamer – Escola dos Deuses

A ciência moderna começou a se fundamentar naquilo que as culturas antigas já se baseiam há séculos: que estamos todos conectados, que fazemos parte de um todo! Estamos conectados por meio de um campo de energia universal.

Aos nossos olhos, as coisas parecem estar separadas, achamos que somos separados da natureza, mas na essência estamos interconectados com tudo.

Em um nível profundo, subnuclear, que não podemos ver com nossos olhos, tudo coexiste ao mesmo tempo. Existe um campo de energia, onde todos estamos conectados, tudo está conectado em toda parte, o tempo todo, todos somos um. Os físicos dão o nome de **entrelaçamento**.

Pensamos no corpo como matéria sólida, mas **somos energia!** Tudo o que existe no mundo material é composto de átomos e, se o átomo não é material, consequentemente tudo que é composto de átomos não é material, então nada é material. Os diferentes tipos de matéria são apenas resultado da forma de como os átomos se agregam. Microscopicamente, tudo é feito de energia condensada. Tudo vibra o tempo todo.

Cada um de nós é um ponto de luz nesse campo de energia. Nossos corpos emanam constantemente uma vibração que se conecta a essa rede de energia. Nós mandamos energia e recebemos energia desse campo o tempo todo.

Esse campo vem sendo estudado há muitos anos por cientistas, filósofos, pesquisadores, psicólogos, médicos e, ao estudarmos o que esses pesquisadores têm a dizer, podemos perceber que estamos todos interligados e que nossa vibração cria nossa realidade. Atraímos para nossas vidas situações que vibram de acordo com a energia que emanamos.

Outra prova de que estamos todos conectados pode ser observada através do descobrimento do DNA pela ciência. O DNA é um conjunto de informações genéticas que definem as características dos seres vivos. Existem 6 bilhões de informações condensadas dentro dessa estrutura microscópica.

O Projeto Genoma Humano descobriu que toda a vida no Planeta Terra é nossa parente biológica; que mais de 99% dos genes do ser humano são idênticos aos genes dos macacos; que a grande maioria dos genes humanos são idênticos aos genes dos cães e gatos domésticos, que os humanos têm milhares de genes idênticos aos dos peixes, insetos, pássaros, árvores...

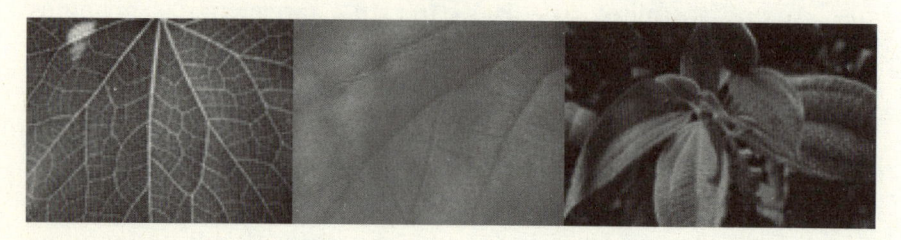

Lembro-me de uma vivência em especial, na qual estava em estado expandido da consciência e pude perceber claramente que toda a vida na Terra foi criada a partir de um único molde, e vi isso nas flores, nas folhas, na vida dos animais. Comparei uma folha com a palma de minha mão e fiquei impressionada com a semelhança. Pude perceber que algumas folhas possuíam estruturas semelhantes aos pelos do corpo humano e que exercem a mesma função de defesa. Entendi que tudo isso faz parte de um padrão de inteligência suprema. Depois, ao pesquisar sobre minha compreensão, descobri que existe um ramo da ciência que acredita que a complexidade da vida comprova a existência de Deus, chamado de *Design Inteligente*.

Além do DNA, cientistas também encontraram um padrão matemático na Ordem Universal, que confirma a que ser superior deve ter projetado toda a vida na Terra.

Galileu Galilei, físico, matemático, astrônomo e filósofo italiano, afirmava que a Matemática é o alfabeto com o qual Deus escreveu o Universo, porque tudo no Universo segue uma lógica.

Leonardo Fibonacci, matemático italiano, tido como o primeiro grande matemático europeu da Idade Média, descobriu um padrão numérico que se repete em quase tudo na natureza, que ficou conhecida como sequência de Fibonacci. Uma sequência lógica de números que pode ser expressa em formas geométricas. A espiral de Fibonacci é encontrada no formato de nossa orelha, nas folhas, na concha do mar, nas estrelas do Universo, na formação de furacões, nas ondas do mar, nas pétalas das rosas, nas projeções geométricas do corpo humano...

Além do DNA e do padrão matemático, outra prova de que estamos todos interconectados é a existência do ar. O ar é capaz de unir todos os seres vivos do planeta. Um por cento do ar é composto de um elemento chamado argônio. É um elemento nobre da tabela periódica que não reage com mais nenhum outro elemento, é inerte. Podemos calcular exatamente a quantidade de moléculas de argônio que cada lufada de ar contém. Toda vez que inspiramos, o ar entra em nossos pulmões, deles, e quando expiramos esse mesmo ar sai, espalha-se pelo ambiente e percorre o mundo.

É possível calcularmos quantos átomos de argônio foram inalados por toda a ancestralidade da humanidade, por todos os grandes líderes como Jesus Cristo, Buda, Gandhi. Cada lufada de ar contém milhões de átomos de argônio que já estiveram nos corpos de dinossauros há 65 milhões de anos na qual e estarão presentes no ar que a humanidade vai respirar daqui a milhões de anos. O ar que respiramos nos liga ao passado e ao futuro!

Einstein afirmava que o ser humano experiencia a si mesmo, seus pensamentos e suas sensações como coisas separadas do restante, mas que isso é uma espécie de ilusão de ótica da consciência. Na Teoria da Relatividade de Einstein, o espaço não é tridimensional, não existe separação, o tempo não é linear e espaço e tempo não são entidades separadas. Em vez disso, são integrados. Einstein disse: "O campo é a única realidade".

Assim como Einstein, Amit Goswami, físico quântico indo-americano, afirma que é a consciência quem cria o mundo material. Afirma que separações e divisões só existem no mundo da relatividade, mas que no mundo do absoluto tudo é um. Goswami explica que a consciência é a base de toda existência e que ela, a consciência, pode transformar as possibilidades materiais.

David Bohm, físico norte-americano que estudou os efeitos do plasma nos campos magnéticos, trabalhou para o desenvolvimento da bomba atômica e também participou de pesquisas com Einstein, sugere que o mundo que percebemos através dos sentidos representa apenas um minúsculo fragmento da realidade. Segundo Bohm, aquilo que interpretamos como realidade é semelhante a uma imagem holográfica projetada. A matriz maior, sendo a fonte que projeta essa imagem, seria o holograma e nós, os seres humanos, somos como campos integrais do holomovimento, cada um de nós faz parte desse movimento. Que nossa individualidade só é possível enquanto desdobramento do Todo e que cada um de nós é capaz de provocar mudanças no Todo.

Lyall Watson, biologista e antropologista sul-africano, autor de muitos livros, escreveu sobre a "síndrome do centésimo macaco". Ele conta o que aconteceu em uma tribo de macacos, em uma ilha perto do Japão. Eles se alimentavam de batatas, que tiravam da terra. Um dia, não se sabe por quê, um desses macacos lavou a batata antes de comer, o que melhorou o sabor do alimento. Os outros o observaram, intrigados, e aos poucos começaram a imitá-lo. Uma vez que um certo número de macacos – cerca de cem deles – lavou sua batata, todos os macacos das outras ilhas começaram a lavar suas batatas antes de comer. E entre as ilhas não havia nenhuma comunicação aparente, mas, de alguma forma, o comportamento se espalhou.

O cientista inglês Rupert Sheldrake denominou esse fenômeno de *Teoria dos Campos Morfogenéticos*. Segundo o cientista, os *campos morfogenéticos* são estruturas invisíveis que se estendem no espaço-tempo e moldam a forma e o comportamento de todos os sistemas do mundo material. Todo átomo, molécula célula ou organismo que existe gera um campo organizador invisível, que afeta todos da mesma espécie. Assim, sempre que um membro do grupo aprende um comportamento, e esse comportamento é repetido por um determinado tempo, o campo é modificado e essa modificação afeta a espécie por inteiro, mesmo que não haja formas de contato entre seus membros. Isso explica por quê, no exemplo, todos os macacos do arquipélago de repente começaram a lavar as batatas, sem que houvesse comunicação entre as ilhas.

Sheldrake chegou à conclusão de que existe uma espécie de memória coletiva e inconsciente que faz com que formas e hábitos sejam transmitidos de geração para geração.

Se tomarmos um gato, por exemplo e o separarmos do convívio com outros gatos poucos dias após o nascimento e o criarmos isoladamente, ele vai ter todas as características comportamentais de um gato, e quem ensinou isso para ele?

Assim como os animais que usam a memória coletiva de todos os outros de sua espécie, também existe uma teoria de memória comum entre os humanos desenvolvida por Jung.

Seu trabalho tem sido influente na Psiquiatria, Psicologia e no estudo da religião, literatura e áreas afins. Segundo Jung, existe um imenso reservatório de informações da cultura e da história humana que é utilizado por todos nós nas profundezas de nossa psique, o que denominou de "inconsciente coletivo". De acordo com Jung, nossa psique é profundamente afetada por um inconsciente coletivo que nos dá acesso a um vasto reservatório de memórias, englobando toda a experiência humana desde o começo dos tempos.

Nenhum estudo conseguiu definir até hoje exatamente onde nossas memórias ficam guardadas. Existe uma tendência científica que indica que elas não estão localizadas no cérebro, mas, sim, armazenadas no "campo"...

Nós acessamos um sistema de informações que não estão localizadas em nosso corpo. Estamos acessando informações do campo o tempo todo.

O cérebro é como uma antena receptora. Nós acessamos as informações através de um campo de energia. É como se houvesse uma faixa de informação com a qual estamos sintonizados.

Stanislav Grof, psiquiatra e um dos fundadores e principais teóricos de psicologia transpessoal, vê a consciência humana como reflexo de uma inteligência cósmica que permeia todo o Universo e toda a existência. Segundo ele, nossa consciência individual nos liga não apenas ao nosso meio ambiente, mas também a eventos muito além do alcance de nossos sentidos físicos, ligando-se a outras épocas históricas, à Natureza e ao Cosmos.

Em seu livro *A Mente Holotrópica*, Grof usa como analogia um especialista em consertar aparelhos de televisão, que, ao perceber uma distorção de imagem ou som, sabe exatamente o que há de errado e quais partes devem ser reparadas para que o aparelho funcione bem novamente. Entretanto, ninguém encararia esse fato como prova de que é o aparelho que gera, dentro de si mesmo, os programas a que assistimos quando o ligamos... Somos parecidos com um canal de televisão e o próprio aparelho ao mesmo tempo. Enviamos e recebemos informação a cada instante...

Maslow, também psiquiatra e precursor da Psicologia Transpessoal, reconheceu, por meio de suas pesquisas que duraram mais de 50 anos, que nos estados expandidos da consciência o indivíduo se percebe uno com tudo o que existe, sentindo seu ser essencial, sua natureza de sabedoria e luz.

Jesus afirmou: "Eu e meu Pai somos um" (uma só consciência). Essa consciência está em todos e em tudo.

Eu acredito de verdade que estamos todos conectados, que existe uma interconectividade entre seres humanos e todas as outras espécies do Universo.

O cientista americano David Hawkins criou um mapa da consciência humana. Hawkins também afirmou que tudo no Universo está conectado. Segundo ele, a mente subconsciente armazena recordações e questões emocionais e também está em comunicação com o Universo como um todo, está conectada com a mente global, ou inconsciente coletivo da humanidade.

Hawkins traçou uma determinada frequência para cada sentimento vivido pelo ser humano e criou a seguinte escala:

PADRÃO	FREQUÊNCIA (Hz)
CONSCIÊNCIA FINAL	1.000
ILUMINAÇÃO	700 ou +
PAZ	600
ALEGRIA	540
AMOR	500
RAZÃO	400
ACEITAÇÃO	350
DISPOSIÇÃO	310
NEUTRALIDADE	250
CORAGEM	200
ORGULHO	175
RAIVA	150
DESEJO (vício)	125
MEDO	100
DOR/SOFRIMENTO/MÁGOA	75
APATIA/INÉRCIA	50
CULPA	30
VERGONHA	20

De acordo com o cientista, a média global da humanidade está um pouco acima do nível 200, o ponto crítico entre o que é construtivo ou destrutivo. Ele começou então a cogitar quantas pessoas de mais alto nível de consciência estariam compensando as pessoas que vivem abaixo do nível crítico de 200.

Em seu livro *Power vs Force*, afirma que "embora apenas 15% de toda a população do mundo esteja acima do nível crítico 200 de consciência, a força coletiva desses 15% tem o peso para contrabalancear a negatividade dos 85% restantes da população mundial. Um simples Avatar em um nível de consciência de 1.000 pode contrabalancear totalmente a negatividade coletiva de toda a humanidade. Um indivíduo que vive e vibra na energia do otimismo e da disposição de não julgar os outros (nível 300) irá contrabalancear a negatividade de 90 mil pessoas que estão calibradas nos níveis mais baixos de força. Um indivíduo que vive e vibra na energia do puro amor por toda a vida (nível 500) irá contrabalancear a negatividade de 750 mil pessoas que estão calibradas nos níveis mais baixos de força. Um indivíduo que vive e vibra na energia da iluminação, graça e paz infinita (nível 600) irá contrabalancear a negatividade de 10 milhões de pessoas que estão calibradas nos níveis mais baixos de força (aproximadamente 22 desses sábios estão vivos hoje). Um indivíduo que vive e vibra na energia da graça, do espírito puro além do corpo, em um mundo de não dualidade e unidade completa (nível 700), irá contrabalancear a negatividade de 70 milhões de pessoas que estão calibradas em níveis mais baixos de força (aproximadamente dez desses sábios estão vivos hoje).

AVATAR	FREQUÊNCIA	ATINGE
1	300 (otimismo)	90 mil pessoas
1	500 (amor)	750 mil pessoas
1	600 (iluminação)	10 milhões de pessoas
1	700 (estado de graça)	70 milhões de pessoas
1	1.000 (consciência final)	Toda a humanidade

Os estudos de Hawkins podem ser corroborados por outras pesquisas que comprovam que quando muitas pessoas estão focadas em um só objetivo, quando muitas pessoas têm uma intenção definida, existe uma coalisão de energia. Temos, por exemplo, as pesquisas que comprovam que a meditação coletiva é capaz de reduzir índices de criminalidade.

Há cerca de 40 anos o guru indiano Maharishi Mahesh Yogi ficou mundialmente famoso por criar a meditação transcendental. Ele declarou que se 1% da população mundial praticasse sua forma de meditação, as guerras desapareceriam da face da Terra.

O primeiro estudo foi realizado em dezembro de 1974. Os pesquisadores mediram indicadores da qualidade de vida em quatro das cidades que se encaixavam no perfil delineado pelo guru. Foram reunidos índices como estatísticas de crimes, taxas de acidentes e admissões em hospitais, comparados em seguida com os de outras quatro cidades que serviram como controle. Os números mostraram diferenças significativas: as taxas de crimes caíram nas cidades com 1% de meditadores e subiram nas outras (a tendência observada nos Estados Unidos como um todo).

Essa pesquisa foi ampliada e acompanhada ao longo dos anos pelo físico quântico John Hagelin e pesquisadores ligados à Universidade Maharishi, nos Estados Unidos, juntamente com a polícia de Washington, o FBI e 24 cientistas sociais e criminologistas ligados a instituições como as universidades Temple, do Texas e de Maryland.

Eles tiveram a oportunidade de testar a afirmação de Maharishi em Washington, uma cidade que apresentava índices preocupantes de violência. Estudos anteriores mostravam que, durante um período de seis meses em que a temperatura subia na cidade, os níveis de criminalidade também se elevavam. Foi criado um grupo de 2.500 meditadores, equivalente a algo em torno de 0,17% da população da capital. Segundo Hagelin, era prevista uma queda de 20% no índice de crimes e conseguiram uma redução de 25%.

Já existem mais de 60 experiências nas quais um número pequeno de pessoas, usando a meditação transcendental, conseguiu influenciar cidades e até países a reduzir sua violência. Hagelin baseia sua resposta na Física Quântica e no campo unificado.

Ele explica que, segundo a Física, o acesso ao campo unificado promovido pelos grupos de meditadores da paz cria poderosas ondas de unidade e coerência que permeiam a consciência coletiva da população. O resultado imediato disso é uma sensível redução dos índices de crimes e de violência social, além do aprimoramento de tendências positivas entre a sociedade.

No mesmo sentido, pesquisas feitas pelo Instituto Heartmath de Londres concluem que as emoções humanas afetam sistemas vivos, que outros sistemas vivos conseguem se conectar com as emoções irradiadas.

Algo em nossa mente, em nossa consciência, é capaz de mudar a realidade do mundo em que vivemos. A Física Quântica refere-se a essa interação físico-mental afirmando que criamos nossa realidade.

Nossa vibração é capaz de alterar nossa realidade e, também, a realidade da humanidade como um todo.

O mundo é assim porque somos assim!

Uma nação que acredita em crise, em doenças, em pobreza somente será prospera quando despertar desse sono hipnótico.

Só veremos uma nação próspera quando nos libertarmos dos estigmas do sofrimento. Uma nova visão livre dos conceitos preestabelecidos.

Uma nação próspera é assim porque é habitada por pessoas que são assim.

Cada nação é do jeito que é porque sua população é assim.

Uma nação mergulhada na escassez, no caos, no conflito, na criminalidade é assim porque as pessoas que nela habitam são assim.

Quem vive no inferno presenciou o inferno por gerações e não conhece nada diferente, a única coisa que sabe criar é o inferno...

Somente uma revolução no modo de pensar pode mudar as condições de uma nação. É preciso que aconteça um processo de descontaminação de ideias, uma libertação desse transe hipnótico que levou as pessoas a acreditarem em escassez e dificuldades.

Somente uma sociedade educada para acreditar na beleza no bem-estar e na prosperidade pode viver isso coletivamente.

De fato, a humanidade está do jeito que está porque as pessoas se esquecerem da capacidade individual que têm.

Mas enquanto não pudermos fazer isso coletivamente, a sugestão é que cada um faça sua parte, mude a si mesmo e estará fazendo sua parte para ajudar a mudar o mundo. É preciso ser vigilante e atento aos nossos sentimentos mais íntimos o tempo todo; se para mudar uma vida é necessária uma revolução individual, imagine mudar uma nação inteira esmagada pelo peso de suas convicções...

Cada um deve fazer sua parte. Uma consciência desperta é capaz de mudar a realidade do mundo em que vivemos.

Se ninguém fizer nada, nada vai mudar. O poder de um só é capaz de fazer muita coisa, vejamos os exemplos de Jesus Cristo, Gandhi, Mandela, Martin Luther King, Madre Teresa.

No dia em que todos formos plenos, o mundo viverá em plenitude.

Sugiro que façamos como a flor dente-de-leão: em determinada fase, quando a flor é soprada, ela se desfaz com facilidade. As sementes são levadas pelo vento, se espalham e, no período certo, florescem novamente.

Torne-se uma pessoa melhor e ajude os outros a se tornarem pessoas melhores também.

Quando deixamos nossa luz brilhar, inconscientemente damos permissão aos outros para fazerem o mesmo.

Seja a mudança que você quer ver no mundo!

Passos para a Mudança

27 – Harmonizando-se Com o Tempo

O eterno presente é o espaço dentro do qual se desenvolve toda a nossa vida, o único fator que permanece constante. A vida é agora. Nunca houve uma época em que nossa vida não fosse agora, nem haverá.
Eckhart Tolle

O que distancia os acontecimentos é o fator tempo.
Nossos desejos manifestam-se por meio do tempo.
Existe tempo entre o plantar e o colher, entre a gestação e o nascer...
O ser não se contrapõe, mas se sobrepõe ao ter, é a causa do ter.
Osho, ao ser questionado sobre a paciência, disse que nos esquecemos de como esperar, que sermos capazes de esperar pelo momento certo é nosso maior tesouro. Que a natureza sabe qual é o momento de florescer e qual é o momento de deixar que as folhas caiam, mas que esse tempo no qual as árvores estão nuas também é belo, é tempo de renovação, e as árvores sabem que as folhas novas logo estarão chegando, mas hoje queremos tudo com pressa.
Compara a paciência com o tempo de gestação, em que a mãe, à espera de seu bebê, está apenas à espera, ciente de que é preciso deixar que a natureza siga seu caminho. É um tempo em que a única coisa a fazer é esperar!
Entretanto, o homem, assim como as árvores, também se renova de tempos em tempos.

Devemos plantar a semente no solo fértil, adubar o solo, irrigá-la diariamente, cuidar para que as pragas não ataquem, e no tempo certo faremos a colheita.

O solo fértil é sua mente. Mantenha sua mente e seus sentimentos equilibrados. Diariamente concentre-se no que deseja e ponha todo o seu sentimento nessa intenção. Leve o tempo que for necessário nesse processo e a colheita será feita no tempo certo.

Sei que existem anjinhos e diabinhos que moram dentro de nossa cabeça. Os anjinhos sempre lhe dizem que você vai conseguir, já os diabinhos tentam convencê-lo do contrário.

Isso me lembra uma parábola:

Uma noite, um avô muito sábio contou ao seu neto sobre a guerra que acontece dentro das pessoas. Ele disse: "A batalha é entre dois 'lobos' que vivem dentro de todos nós. Um é mau: é a raiva, inveja, ciúme, tristeza, desgosto, cobiça, arrogância, pena de si mesmo, culpa, ressentimento, inferioridade, mentiras, orgulho falso, superioridade e ego. O outro é bom: é alegria, paz, esperança, serenidade, humildade, bondade, benevolência, empatia, generosidade, verdade, compaixão e fé". O neto pensou nessa luta e perguntou ao avô qual lobo vence a batalha, e o avô respondeu que vence aquele que mais alimentamos...

Não desanime. Persista! Muitas pessoas desistem e afirmam que esse processo não funciona com elas quando os resultados estão lá quase prontos para acontecer. O problema é que quando desistem, acreditando que os desejos não serão atendidos, certamente não serão mesmo...

Você deve escolher se vai alimentar seus anjinhos ou seus diabinhos... Quando estiver se queixando, pare imediatamente.

Insista, esse processo de mudança de pensamento dá trabalho, mas é muito gratificante! Acredite em seu potencial ilimitado!

É igual a andar de bicicleta, tocar violão, praticar ioga, dirigir, tudo demanda um determinado tempo de aprendizado, mas quando você aprende, passam a ser automáticos e você nunca mais esquece.

A prática torna tudo mais fácil!

Liberte-se das crenças antigas. Renove-se! Dê o primeiro passo! Experimente focar no positivo e veja o que acontece em sua vida!

Agora, se você passou anos regando o negativo, não será em um ou dois dias que o positivo florescerá... Mas, com o passar do tempo, as ervas daninhas vão enfraquecendo e as flores vão tomando lentamente seu lugar. O importante é trabalhar cotidianamente em seu jardim interno.

Encare todo o processo como um desafio, e não como um sofrimento!

Todos nós somos capazes de mudar o que está errado em nosso comportamento, só temos de aprender como usar a mente a nosso favor.

Uma das coisas mais importantes a entender na vida é que VOCÊ NÃO É SUA MENTE. Você é muito maior e mais poderoso do que ela.

Nós temos o poder de controlar nossa mente. Podemos sim escolher nossos pensamentos.

A cura é efetivada pela simples mudança de nossa convicção.

Conclusões

Não quero ter a terrível limitação de quem vive apenas do que é passível de fazer sentido. Eu não: quero uma verdade inventada.
Clarice Lispector

*E no final das contas, não são os anos em sua vida que contam.
É a vida em seus anos.*
Abraham Lincoln

Em si, a vida é neutra. Nós a fazemos bela, nós a fazemos feia; a vida é a energia que trazemos a ela.
Osho

Não encontre um defeito, encontre uma solução.
Henry Ford

Reconhecer tudo que você já tem de bom na vida é a base de toda abundância.
Eckhart Tolle

O segredo é não correr atrás das borboletas... É cuidar do jardim para que elas venham até você.
Mario Quintana

Durante muito tempo eu quis entender por que algumas pessoas são tão ricas e outras passam por tantas necessidades. Por que algumas pessoas têm tanta saúde e outras vivem tão doentes. Por que algumas pessoas sem talento algum fazem tanto sucesso enquanto outras tão talentosas passam uma vida no anonimato. Por que há pessoas com tanta sorte e outras com tanto azar. Hoje, eu sei as respostas e acredito que agora, depois de ler este livro, você também já sabe. Nós criamos nossa realidade com base naquilo que acreditamos.

Uma ação importante que devemos tomar é avaliar como está nossa realidade.

Depois de ler este livro, é possível que você leve um grande susto ao perceber que boa parte de seus pensamentos seja negativa, mas você não deve ficar chateado se por alguma razão seu mundo não estiver do jeito que deseja. Você deve, sim, se sentir agradecido por poder finalmente tomar consciência desse fato, pois, de agora em diante, você tem o poder de transmutar todos os pensamentos e sentimentos negativos em positivos.

Lembre-se de que a forma como pensamos é gerada pela força do hábito. As ideias são gravadas em nosso subconsciente pela repetição. Nossos pensamentos habituais geram um padrão vibrátil e nossa vida é um reflexo desses padrões que criamos a partir de nossos hábitos. Reclamar vira hábito, mas agradecer também vira hábito...

Ter consciência do modo em que observamos as coisas, como a mente funciona, como percebemos nossos sentimentos, como percebemos as coisas que nos acontecem, como percebemos o mundo, como todo esse sistema afeta nossas vidas, nossa realidade, traz um impacto para nossa vida.

Então, parar de reclamar. Pessoas que reclamam o tempo todo atraem para sua vida cada vez mais situações para continuar reclamando. Quanto mais você se lamentar, mais as coisas vão dar errado em sua vida e mais coisas você terá para reclamar. Seja uma pessoa mais leve, cuidado com o mau humor recorrente. Comece a observar o quanto o mau humor afasta as pessoas. O quanto o mau humor envenena os relacionamentos.

Lembre-se de que toda vez que você tem um pensamento, você ativa uma determinada vibração. Se você pensa muitas e muitas vezes em uma determinada coisa, você acaba criando um padrão vibrátil. A vibração de seus pensamentos o aproxima ou o distancia de sua meta. Todas as vezes que você tem um pensamento, você ativa a vibração dele dentro de você, portanto, preste muita atenção em seus pensamentos e sentimentos!

Defina quais são seus sonhos, defina tudo o que você quer realizar e trace metas, coloque seu foco em seus objetivos e acredite neles. Organize-se. Planeje.

A fórmula da criação consciente está em mantermos o foco em nosso objetivo e observarmos nossos pensamentos.

> **FÓRMULA DA CRIAÇÃO CONSCIENTE**
> Desejar + eliminar crenças sabotadoras + trabalhar o conjunto psicobiológico para a mudança
> = **Realidade Desejada**

Os passos são:

DESEJAR algo com o fundo do coração;

ELIMINAR CRENÇAS SABOTADORAS, o que implica acreditar verdadeiramente que seu desejo pode ser realizado;

TRABALHAR O CONJUNTO PSICOBIOLÓGICO PARA A MUDANÇA. Essa é a parte fundamental para o processo de criação consciente. Não adianta trabalhar metas se não trabalhar o invisível antes. É preciso treinar o conjunto psicobiológico para o que está por vir. É preciso **CONSTRUIR NOVAS CRENÇAS** alinhadas com nosso desejo, **MANTER O FOCO** em nosso objetivo, ter **COMPROMETIMENTO** com nosso processo e **DETERMINAÇÃO** para nos manter firmes em nosso propósito. **VISUALIZAR** nosso desejo já realizado, **SENTIR** verdadeiramente que é verdade e, por último, entender que existe um prazo para a **GESTAÇÃO**, um tempo até a materialização.

Minha dica para você é: escreva suas metas e coloque uma data para acontecer. Existem muitos estudos provando que o simples fato de escrever uma meta aumenta significativamente as chances de alcançá-la. Escrever uma meta no papel já é uma ação que potencializa nossas chances de sucesso. E se chegar a data e seu desejo não tiver sido alcançado ainda, coloque uma nova data, mas não desista nunca de seus sonhos. Curta o processo!

Eu sei que controlar nossos pensamentos nem sempre é uma tarefa fácil, mas precisamos tomar cuidado para que nossas programações antigas não nos influenciem. Não podemos nos deixar ser levados para estados de negatividade. Lembre-se do reforço positivo para com você sempre!

Conclusões

Você deve se estruturar, se cercar de todas as coisas que facilitem esse processo e se afastar tanto quanto possível de pessoas negativas, de lugares sombrios, de assistir filmes de violência, de noticiários que só anunciam desgraças e crise, de músicas que pregam o sofrimento, de programas de TV que produzem sua pauta em brigas, discórdias, separações, vingança ou revanche e de qualquer outra situação que o deixe de baixo astral. Nenhum deles lhe acrescenta nada de bom. Devemos, sim, nos cercar de notícias positivas, de ambientes agradáveis, de pessoas positivas e com bom humor. Isso vai elevar bastante o nível de seus sentimentos.

Lembre-se de que não há nada fora de nós que possa nos atingir sem nosso prévio consentimento. O sofrimento não acontece fora. Solidão, carência, abandono, rejeição, depressão, tristeza, amargura, acontecem dentro de nós. A transformação interior passa necessariamente pela compreensão de que somos o amor. O amor é essencial nesse processo de evolução.

É preciso haver uma conscientização, mudar nossa percepção individual de mundo, mudar nossa percepção pequena de nós mesmos. Precisamos nos conectar com nossa essência e entender o quão grandes nós somos. Precisamos nos lembrar de exercitar nosso poder divino!

Pequenos atos do dia a dia podem mudar nossa realidade!

Quando descobri como funciona o processo de criação da realidade, fiquei fascinada e achei que iria mudar minha vida da água para o vinho, da noite para o dia. Acreditava que no dia seguinte tudo seria diferente, mas é claro que isso não aconteceu. As mudanças demoraram um pouquinho.

Colecionei muitas crenças limitantes ao longo de minha vida, e de algumas delas eu nem tinha consciência... Durante um tempo ainda, colhi os frutos das sementes envenenadas que eu havia plantado durante toda a minha vida. Mas fiz minha colheita com gratidão por saber que nunca mais iria plantar nada inconscientemente.

Hoje amo meu trabalho, tenho amigos maravilhosos e uma vida em harmonia. Vivo em plenitude e agradeço por ter entendido exatamente como criar a realidade de meus sonhos.

É claro que ainda passo por algumas dificuldades, mas hoje as vejo com outros olhos. Sei que tenho muito a aprender com cada uma delas.

É preciso trabalharmos a autoaceitação. Precisamos nos aprovar por nossos atos e saber reconhecer que sempre procuramos agir da melhor forma possível diante de nosso entendimento em cada uma das épocas de nossas vidas.

Nem sempre conseguimos realizar nossos desejos da noite para o dia. Talvez demore um tempo. Mas o importante é nos harmonizarmos com o tempo e vivermos felizes no momento presente.

É preciso ter consciência de que tudo precisa de um tempo certo. Há tempo de plantar e há tempo de colher. Mas, até a colheita, se faz necessário regar, adubar, cuidar das ervas daninhas... Toda semente brota no tempo certo.

Porém, se você perceber que seus desejos estão demorando muito para acontecer, avalie o que anda pensando conscientemente. Será que você pensa que a solução de seus problemas é difícil? Se conscientemente você anda pensando isso, subconscientemente também está... Então, para acelerar o ritmo é preciso que conscientemente você acredite que seus desejos podem ser realizados.

Pense: de quais problemas você está tentando se livrar e não consegue?

Quanto mais atenção você der ao seu pensamento, mais dominante ele vai se tornar. Daí a importância de verificar que tipos de sentimentos seus pensamentos estão gerando.

São os pensamentos de resistência que se tornam habituais que lhe impedem de alcançar aquilo que deseja para sua vida.

Enquanto você não mudar o foco de seus pensamentos, enquanto sua vibração não for diferente, vai continuar a atrair o mesmo tipo de experiência que você tem vivenciado.

Se você deseja se livrar de uma situação desagradável, precisa visualizar um quadro diferente daquele que você está vivendo.

Se você insistir em pensamentos que só lhe trazem mal-estar, você está reforçando a matriz do problema e perpetuando a situação indesejada.

Não importa por quais problemas você esteja passando, como está vivendo, o importante é que você saiba que deve elevar seus pensamentos para sentimentos que lhe gerem bem-estar.

Acredite: não são as pessoas felizes que são gratas, são as pessoas gratas que são felizes!

Quando começar a sentir gratidão, amor, contentamento, vai começar a transformar sua vida. Quando começar a adotar esses sentimentos como estilo de vida, você vai se sentir revigorado e apaixonado pela vida. Vai começar a encarar os desafios de uma nova maneira e terá uma capacidade de superação inabalável. Mas, se você não mudar o padrão de seus pensamentos, nada mudará em sua vida.

Hoje, vejo que nunca criei nada que eu não fosse capaz de suportar... Adversidades (falência, perda de emprego, doenças, término de relacionamento...). Eu achei que tinha dado tudo errado, mas na verdade deu supercerto.

Acreditamos que as adversidades são ruins. Mas delas tiramos grandes lições, e uma das chaves da felicidade é justamente sermos capazes de superá-las... Sejamos resilientes!

Por isso, sou grata a todas as experiências que vivi, foram elas que me fizeram entender como funciona a mecânica da vida e, por essa razão, decidi escrever este livro para compartilhar meu conhecimento e ajudar as pessoas a entender em como podem tornar suas vidas mais felizes.

Estamos aqui para sermos criadores de nosso destino e não os prisioneiros de padrões impostos pela sociedade. Nascemos para sermos livres, sonhadores, para vivenciar as melhores experiências, para desfrutar das coisas boas da vida.

Não vamos nos condenar a viver limitações impostas por crenças sociais que estão aí há tanto tempo que nem somos capazes de dizer por que afinal foram criadas...

Nossos pensamentos têm um efeito direto em nosso mundo. O mundo subatômico responde à nossa intenção. Cada um de nós afeta a realidade que vivemos. A maneira como observamos o mundo ao nosso redor é o que retorna para nós. Nosso foco cria nossa realidade.

Nosso trabalho diário consiste em harmonizar as funções da mente consciente e subconsciente. Precisamos entender que existe uma rede neural muito antiga que foi trilhada por muito tempo, e essa rede pode ser comparada a um leão que, para se manter vivo, precisa de muito alimento. Do outro lado, está uma conexão neural nova pouco trilhada que é do tamanho de um gatinho e ele vai ter de travar uma luta com o leão todos os dias para sobreviver. Você é quem vai decidir se vai alimentar o gatinho ou o leão. A rede neural que vai crescer é aquela que você decidir alimentar.

Se em minha infância eu tivesse tido acesso a todo esse conhecimento de como nossa mente e nosso corpo funcionam, em vez de ter me viciado em emoções negativas, eu teria certamente escolhido me viciar em emoções que me empoderassem. Hoje, sou grata por ter aprendido essas lições valiosas e por poder compartilhar todo o meu conhecimento.

Assuma que você é um ser divino, abra suas asas e alce voo rumo à felicidade. Se continuar fazendo do jeito que sempre fez, continuará obtendo sempre os mesmos resultados.

Saia já de seu período de acomodação. Saia do processo de repetição e se dê uma chance de criar, inovar, modificar, refazer, sem ficar refém do inconsciente. Faça uma limpeza na alma. Livre-se das mágoas, ressentimentos, tristeza, medos...

Aproveite e faça também uma limpeza no guarda-roupas, nos armários, na mesa de trabalho. Deixe o espaço vazio entrar para que seja preenchido com novidades, organize-se. Crie um fluxo de harmonia e equilíbrio.

Recupere a capacidade de se encantar. A perda da capacidade de encantamento nos leva a achar que tudo é comum, impedindo que a admiração nos conduza a novos horizontes.

Aprenda a colecionar sucessos: passe no vestibular, estude outra língua, mude de cidade, faça novas amizades, viaje, tenha um *hobby*, aprenda a cozinhar, aprenda uma arte marcial, faça ioga, cante, dance, pule de *bungee jump*, salte de paraquedas, ande a cavalo, tenha um cachorro, esteja em contato com a Natureza, assista ao nascer do Sol, contemple o Sol se pôr, vá mais vezes à praia, à cachoeira ou ao campo, nade pelado no rio, permita-se!

Não importa o que você vá fazer, mas supere-se, desafie-se, aprenda a dizer mais nãos para o que a sociedade impõe e diga mais sins a você!

Nascemos para experimentar a vida em toda a sua plenitude! Nascemos para nos deliciarmos nesse mar de possibilidades infinitas. Somos dotados de um poder inesgotável de realização.

Agora que você já sabe que é você quem cria sua realidade, faça escolhas melhores, seja mais consciente. É sua responsabilidade trilhar o caminho que considera melhor para sua vida.

Abandone de uma vez por todas as crenças que o limitam, aprisionam e tiram seu poder. Pare de ficar dando desculpas para você mesmo, mude já sua forma de pensar, construa novas crenças!

Pare de dizer que quando tiver mais dinheiro tudo será diferente; quando encontrar um companheiro ideal tudo será diferente; quando arrumar um emprego melhor tudo será diferente; quando sei lá o que tudo será diferente...

Lembre-se de que, se você não mudar seus pensamentos, você nunca terá mais dinheiro, nem um companheiro ideal, nem um emprego melhor... Portanto, não será diferente se você não começar a pensar diferente agora.

Quando você tem noção clara do que quer, consegue programar sua mente e seu corpo para alcançar aquela meta.

Assim, se você focar na falta ou na ausência daquilo que deseja, irá atrair cada vez mais situações que vibram na mesma sintonia desses sentimentos. Da mesma forma que, se focar na alegria, na gratidão, no amor, na felicidade, mais desses sentimentos você vai atrair para sua vida!

Fique em paz com sua vida exatamente como ela é hoje. Ficando em paz hoje, você saberá que amanhã também estará em paz. Ficando feliz hoje, você saberá que amanhã também estará feliz. Sendo grato hoje, você terá mais coisas para ser grato amanhã. Ame hoje e saberá que amanhã será cercado de amor. Quanto mais ficamos em paz, mais paz vivenciamos; quanto mais felicidades sentirmos, mais felicidades seremos capazes de sentir; quanto mais agradecermos, mais coisas para agradecer teremos; quanto mais amarmos, mais amor seremos capazes de vivenciar em nossa vida.

Todo esse conhecimento vai permitir que sua mente comece a se conectar com essa nova realidade. Uma nova rede neural passará a ser instaurada e você vai começar a ver a vida sob uma nova perspectiva, novos padrões, novos comportamentos.

Eu sei que não é um caminho fácil. Existem vários padrões que precisam ser rompidos, muitas emoções conflituosas entre o velho e o novo vão pôr você em xeque. Eu passei por isso e todas as pessoas que conheço que passaram pelo processo de despertar também se sentiram em conflito.

Eu lhe garanto que o estado de pacificação que você vai alcançar ao trilhar esse caminho vai ser tão recompensador que você também será grato por ter passado por tudo o que passou. Você vai aprender a honrar sua história. Uma vida razoável não será mais suficiente para você. Você vai desejar uma vida extraordinária.

Mudando sua mente, você vai mudar suas escolhas. Se você mudar suas escolhas, sua vida vai mudar.

Poucas pessoas decidem fazer essa jornada. Eu realmente espero que este livro o ajude a escolher o caminho da transformação e da felicidade. Comece agora a criar conscientemente sua realidade!

Com todo o meu amor, desejo uma nova linda vida para você!

Andréia Frotta

NAMASTÊ!
O Deus que habita em mim saúda
o Deus que habita em ti!

Referências Bibliográficas

BYRNE, RHONDA. *A Magia*. Editora Sextante, Rio de Janeiro, 2014.

D'ANA, ÉLIO. *A Escola dos Deuses*. Editora Barany, 2012.

ECKER, T HARV. *Os Segredos da Mente Milionária*. Editora Sextante, Rio de Janeiro 2006.

GONSALVES, JOÃO DE DEUS MARTINS. *Quem é você? Eu Te Ajudo a Se Lembrar*. Editora Madras, 2016. – São Paulo

GROF, STANISLAV. *A mente Holotróíca: novos conhecimentos sobre Psicologia e Pesquisa de Consciência*. Editora ROcco, 1994.

HAWKINS, DAVID. *Power vs Force, an Anatomy of Consciouness*. Hay House, Carlsbad, 1987.

HAY, LOUISE. *Você Pode Curar a Sua Vida*. 8. ed. Editora Best Seller, Rio de Janeiro.

HICKS, ESTHER E JERRY. *O Extraordinário Poder da Intenção*. Editora Sextante, 2008. – Rio de Janeiro

HICKS, ESTHER E JERRY. *Peça e Será Atendido*. Editora Sextante, Rio de Janeiro, 2007.

HILL, NAPOLEON. *A Lei do Triunfo*. São Paulo: Editora José Olímpio, 2015.

JOIIN, NOAN ST. *O Código Secreto do Sucesso*. Editora Best Seller, 2012.

MARQUES, JOSÉ ROBERTO. *Crenças e Arquétipos, Você Pode Curar a Sua Vida*. Editora IBC, Goiânia, 2016.

MURPHY, JOSEPH. *O Poder do Subconsciente*. Editora Best Seller, Rio de Janeiro, 2013.

ROBBINS, ANTHONY. *Poder Sem Limites*. Editora Best Seller, Rio de Janeiro, 1997.

TOLLE, ECKHART. *O Poder do Agora.* Editora Sextante, Rio de Janeiro, 2002.

Para mais informações sobre a autora, seus cursos e palestras, acesse: www.andreiafrotta.com
SAIBA MAIS:
Acompanhe suas publicações e novidades nas redes sociais;
https://www.facebook.com/coachandreiafrotta/#

Nota do Editor

A Madras Editora não participa, endossa ou tem qualquer autoridade ou responsabilidade no que diz respeito a transações particulares de negócio entre o autor e o público.

Quaisquer referências de internet contidas neste trabalho são as atuais, no momento de sua publicação, mas o editor não pode garantir que a localização específica será mantida.

MADRAS® Editora
CADASTRO/MALA DIRETA

Envie este cadastro preenchido e passará a receber informações dos nossos lançamentos, nas áreas que determinar.

Nome _____
RG _____ CPF _____
Endereço Residencial _____
Bairro _____ Cidade _____ Estado _____
CEP _____ Fone _____
E-mail _____
Sexo ❏ Fem. ❏ Masc.   Nascimento _____
Profissão _____ Escolaridade (Nível/Curso) _____

Você compra livros:

❏ livrarias   ❏ feiras   ❏ telefone   ❏ Sedex livro (reembolso postal mais rápido)
❏ outros: _____

Quais os tipos de literatura que você lê:

❏ Jurídicos   ❏ Pedagogia   ❏ Business   ❏ Romances/espíritas
❏ Esoterismo   ❏ Psicologia   ❏ Saúde   ❏ Espíritas/doutrinas
❏ Bruxaria   ❏ Autoajuda   ❏ Maçonaria   ❏ Outros:

Qual a sua opinião a respeito desta obra? _____
_____

Indique amigos que gostariam de receber MALA DIRETA:
Nome _____
Endereço Residencial _____
Bairro _____ Cidade _____ CEP _____

Nome do livro adquirido: ***O Poder da Mudança***

Para receber catálogos, lista de preços e outras informações, escreva para:

MADRAS EDITORA LTDA.
Rua Paulo Gonçalves, 88 – Santana – 02403-020 – São Paulo/SP
Caixa Postal 12183 – CEP 02013-970 – SP
Tel.: (11) 2281-5555 – Fax.:(11) 2959-3090
www.madras.com.br

MADRAS® *Editora*

Para mais informações sobre a Madras Editora,
sua história no mercado editorial
e seu catálogo de títulos publicados:

Entre e cadastre-se no site:

www.madras.com.br

Para mensagens, parcerias, sugestões e dúvidas, mande-nos um e-mail:

marketing@madras.com.br

SAIBA MAIS

Saiba mais sobre nossos lançamentos,
autores e eventos seguindo-nos no facebook e twitter:

@madrased

/madraseditora